人生最該懂的財務法律課

遺產、
信託、繼承

林李達、吳孟玲、劉德鏞──著

有效分配、爭議解決, 有問必答Q&A

有人說現在的 50+ 世代是照顧父母的最後一個世代，卻也是要自立自強不能期待兒女扶養的第一個世代；身為 50+ 又是三明治族群的我，深有同感。

與父母一同居住，看著父母老去和失智，彷彿就只能陪同就醫或者在因失智闖禍去善後處理，這種種的無奈和無望，是三明治族群的第一個無解的悶。

面對還在求學的兒女，各樣帳單雖然輕薄，但裡頭的應繳數字卻是壓力山大，面對自己各樣不確定，總希望能為孩子規劃一個比較確定的未來，而這就是三明治族群的第二個無解的悶。

在上有高堂下有待哺孩兒的時候，身邊 50+ 親友開始在健康上出現各樣狀況的，甚至前幾天才在臉書看到 po 出旅遊消息的，怎麼就傳來死訊噩耗，健康和意外的無常，這也讓 50+ 三明治族群有第三個無解的悶。

因為過去我有十年法官的執業經驗，後來又成為律師，自然成為 50+ 親友諮詢的對象，我就在想應該要把 50+ 三明治族群時常遇到的家事法律問題集結起來，成為一本隨時可以翻閱的工具書，於是跟事務所律師一起撰寫這一本書。

面對長輩的失智和疾病，法律上該如何面對，在這本書裡可以找到解答。

　　面對自己疾病以及財產如何規劃，在這本書裡也可以找到方向。

　　面對長輩遺產分割該如何處理，在這本書裡也可以找到解決方法。

　　面對要為自己或晚輩做財產的規劃，在這本書裡也可以找到路徑。

　　總之，這是一本我為自己寫，也為大家寫的書，希望對於 50+ 的你或三明治的你或者是頂客族的你，都會是一本有幫助的書。

林李達 律師

　　身為婚姻律師，也承辦不少遺產案件，也是法院的程序監理人。看盡家內的各樣冷暖，因為自詡為幸福的傳道者和傳承者，看到各樣生老病死帶來的紛爭，我常在想「家」究竟要傳承的是什麼，若辛苦一生所累積的財富，是要讓家更好，但人間真實版本卻是，就算只是中等小康，都可能會遇到在孝道和傳承上的各樣紛爭，讓我萌生想寫一本 50+ 之後人人都需要了解的法律常識指南。

　　因此我和事務所的兩位律師——林李達律師和劉德鏞律師，特別就「世間平凡小康人」時常遇到的各樣在 50+以上的遺囑或繼承的問題，也就目前實務上越來越盛行的信託，以及父母失智或重病該如何面對和處理，來做一系列的 QA，希望藉由簡易方式，成為大家在 50+ 的幸福傳承法律指南。

　　若問我這一本書誰需要看，其實這問題真不好回答，因為我認為 50+ 的你和我都可能會遇到很多類似的問題。

　　若你覺得「我們家沒什麼錢，不用規劃啦」，你需要看這本書，因為家不只是錢的問題，有可能面對親人債務要如何處理，甚至長輩扶養及其他生老病死各樣問題，這些事實跟你想的不太一樣。

若你覺得「我只有一個小孩，反正都要給他，不用規劃」，那你就錯了，你絕對要看這本書，因為稅負和世界誘惑風險跟你想的不太一樣。

　　若你覺得「我沒有小孩，就只有自己跟配偶，應該不用規劃」，你真的誤會大了。你會需要看這本書，因為你的錢不會只給你配偶喔！這跟你想的不一樣。

　　若你覺得「我家長輩身體硬朗，並且口袋充滿，應該不用規劃」，相信我，你更需要它，因為失智問題，不是老人或病人才會遇到的！

　　家家有本難念的經，這話是真的，每個家面對的問題都不一樣，有人是錢的安排，有人是病的拖磨，有人是關係的怨懟，好多問題其實都在 50+ 之後陸續爆發，希望我們整理在家事紛爭裡時常遇到的 100 個問題，讓生硬的法律文字能幻化成白話文，成為你面對這些問題時的有效幫助，也讓你看完這本書之後，能對於辛苦累積的財富與家庭成員間的規劃有更清楚的認識，因為一生辛苦的累積，是拿來享福的，享什麼福，享幸福！

　　　　　　　　　　　　　　　　　吳孟玲 律師

在和吳孟玲律師與林李達律師一起辦案的這段時間裡，我所經手的案件，大約高達七至八成的案件都與「家」中的生、老、病、死有關係；這些家人間互相控告的案件，不僅讓我看到比戲劇更誇張的劇情真實上演，親人間撕破臉的情節更讓我思考為何家人間會如此敵視？如果可以避免這些糾紛，豈不是一件極具意義的事情嗎？於是這本關於「家」的法律工具書就此誕生。

這本法律工具書以問答的方式進行，方便各位讀者在老、病、死當前面對法律問題時，可以更快速找到解決方法；請記得，絕對不是只有有錢人或是大家族才會遇到法律糾紛，關於「家」的法律議題，你我都必須謹慎面對、處理。

劉德鏞 律師

Contents

chapter 01

我才 50 出頭，需要立遺囑嗎？

chapter 02

50 以後要開始做財務傳承的規劃

chapter 03

我成為繼承人了，該怎麼辦？

chapter 04

如果知道自己罹病時，財產該如何規劃？

chapter 05

生病太痛苦，我可以決定自己生命終點嗎？

chapter 06

家人罹患重大疾病，我們該怎麼辦？

chapter 07
家人身心無法處理事務，該怎樣保障？

chapter 08
當家人被診斷出失智時，該怎麼辦？

chapter 01

我才 50 出頭，
需要立遺囑嗎？

Q.01 我還沒老，需要先立遺囑嗎？

　　談到立遺囑，相信很多人腦海中會立即浮出的畫面是一位白髮蒼蒼並且帶著呼吸器、吊著點滴的人，虛弱地坐在書桌前，顫抖的手拿著筆寫下遺囑。因此會認為立遺囑這件事情離我們好遠，真的是這樣嗎？如果不是，那麼究竟是「誰」需要立遺囑呢？

✒ 「遺囑」是什麼？

　　用白話來說，就是你希望在自己斷氣闔眼的那一刻，你的財產（包含債務）要如何處理和安排，甚至是你有什麼遺願（如祭祀方式、寵物照顧等）希望繼承人幫忙完成等等事項的**書面資料**。

　　很多人會認為「立遺囑」是老年人才需要做的事情，自己還年輕，提早立遺囑只是觸霉頭，而且自己所擁有的財產會一直變動，預立遺囑根本沒意義。但俗話說得好，「棺材是裝死人，不是裝老人」，事實上，因著意外提前

畢業的中壯年人，因為沒有事先立遺囑，導致親人究竟有多少財產，以及財產如何分配各有主張，甚至陷入官司糾紛，最後老死不相往來。

又有人以為自己財產不多，毋須立遺囑，兒孫可以自然地協調好遺產的分配……然而，就算你拚了一輩子，只有一間茅草屋，你也不會希望大家為了這間房撕破臉吧！因此預立遺囑有以下好處：

1. 提早做好財富傳承及稅賦規劃；
2. 在合法範圍內以自己心意分配遺產；
3. 可由遺囑執行人單獨辦理遺產繼承；
4. 有遺囑可以不需要一些「天上掉下來的繼承人」（例如：父母婚前的小孩、同父異母的兄弟姊妹、離婚後不曾來往的小孩）同意。

⚫ 「遺囑」何時才會生效？

依照《民法》第 1199 條：遺囑自遺囑人死亡時發生效力，也就是立遺囑的人**被宣告死亡那一刻**開始，包含**自然死亡**（斷氣或由醫院作死亡的判定時）或者因為失蹤等原因，**被法院宣告死亡時**，開始有繼承的效力。

現在大家對於財產規劃越來越有概念，對預立遺囑也

不似過去長輩一樣地排斥，甚至開始有所謂「遺囑是跨越生死的愛的家書」之說法，因此建議可以在四五十歲後，有資產能夠累積時，開始養成資產記錄的習慣；也能預立遺囑，並且定期檢視和修正，因為這是讓親人承襲你的愛，而非因財產爭議傷害彼此的美好之舉喔。

Q.02 遺囑有哪幾種方式呢？

　　遺囑就是指立遺囑人將名下的財產（包含各樣**動產**、**不動產財產**以及**債務**）載明清楚，且表明如何分配。也有內容是希望繼承人履行某些行為（例如寵物或親人如何照顧、祭祀喪禮如何規劃），依照法律規定的方式所訂立的書面文書，這文書內容在遺囑人死亡時就會發生效力。

⚫ 「遺囑」的種類

　　民法就遺囑的種類，有下列五種：

（一）自書遺囑（一般人所立的遺囑）

　　指遺囑人自己手寫遺囑的全文，並記上年、月、日後，**親自簽名**。如果就遺囑內容有所增刪修改，須要**註記增減、塗改處**以及**字數**，並**另行簽名**。

（二）公證遺囑

由於遺囑牽涉到遺產分配，茲事體大，越來越多人希望在未來沒有任何爭議，因此會想使用公證遺囑。這種方式是指，遺囑人應指定**二人以上的遺囑見證人**，在**公證人**前口述其遺囑意旨，接著由公證人筆記、宣讀、講解，經遺囑人認可後，記上年、月、日，再由公證人、見證人及遺囑人一起**簽名**；遺囑人不能簽名者，可以按指印的方式代之，並由公證人記明遺囑人不能簽名的事由。

KEY POINT

不是拿寫好的去給公證人公證喔！

（三）密封遺囑

有時遺囑人不希望繼承人事先知道遺產規劃，便在自書遺囑上**簽名後密封**，再**於封縫處簽名**，並指定二人以上之遺囑見證人，向公證人提出，陳述其為自己之遺囑。如果遺囑不是本人自己寫的，遺囑人就要向公證人陳述繕寫遺囑人之姓名、住所，由公證人於封面記明該遺囑提出的年、月、日，以及遺囑人所為之陳述後，並與遺囑人及遺囑見證人一起簽名。

（四）代筆遺囑

有時遺囑人無法自己親自書立遺囑，需指定三**人以上之遺囑見證人**，由遺囑人口述遺囑意旨，並由遺囑見證人中之一人筆記、宣讀、講解，經遺囑人認可後，記明年、月、日及代筆人之姓名，由遺囑見證人全體及遺囑人一起簽名；遺囑人不能簽名者，應以按指印的方法代之。

> ┌─ KEY POINT ─┐
> 遺囑見證人必須當場見聞遺囑，不能事後來簽名。

（五）口授遺囑

當遺囑人因生命危急或有其他特殊情形，不能依前述四種方式立遺囑者，遺囑人得以**筆記口授遺囑**或是**錄音口授遺囑**，不需經由遺囑人之認可、簽名或按指印。為了確保遺囑人的真實意願，當遺囑人以其他的方式立遺囑的時刻起，這份口授遺囑**經過三個月便失去效力**，見證人當中的一人或利害關係人，須在遺囑人**死亡後三個月內**，將這一份口授遺囑提至親屬會議認定其真偽。

Q.03 怎麼立一份有效的遺囑？

　　其實在處理繼承爭議案件當中，很多時候大家的首發攻防戰就是：這份「遺囑」到底有沒有效？也就是遺囑有無瑕疵？因為遺囑中內容不利的一方，總是在找遺囑的瑕疵，最常找的瑕疵包含應該要有的證人人數不足，或者應該要用的方式沒有用對，還有裡面的內容有無違反法律規定，大概就是這些會影響遺囑的效力條件。

不同「遺囑」需要的條件

　　首先以下面表格整理五種遺囑方法各自需要的條件：

	自書遺囑	公證遺囑	密封遺囑	代筆遺囑	口授遺囑
法條依據	民法第 1190 條	民法第 1191 條	民法第 1192 條	民法第 1194 條	民法第 1195 條
誰該簽名	遺囑人	公證人、見證人、遺囑人	遺囑人在遺囑、封縫處、封面簽名；公證人、見證人在封面簽名	見證人全體、遺囑人	見證人，倘是錄音口授遺囑，見證人要在封縫處簽名

誰該書寫	遺囑人	公證人筆記、宣讀、講解經遺囑人認可	遺囑人自寫或找人代寫	遺囑人口授遺囑之意旨，使見證人之一筆記、宣讀、講解，經遺囑人認可	見證人之一將該遺囑意旨，據實作成筆記或錄音
遺囑人是否需要親自簽名	要	原則上需要，不能簽名時得按指印代之	要（註：雖密封遺囑可以由他人代寫，但是必須遺囑人親自簽名，**不可用指印來取代！**）	原則上需要，不能簽名時得按指印代之。	不需要
見證人數	不需要	兩人以上	兩人以上	三人以上	兩人以上
需公證人	不需要	需要	需要	不需要	不需要

✒ 怎樣的「遺囑」會被主張有瑕疵？

以下是常被主張有遺囑瑕疵的部分：

1. **質疑立遺囑人的遺囑能力**。根據《民法》第 1186 條：16 歲以上，而且不是「無行為能力」之人（也就是他不能被做監護宣告[4]）者，均可以設立遺囑。但在失智者部分，**並非領有失智手冊就被認定無行為能力，法官常常還是**

會根據個案具體情形判斷，例如當時他立遺囑時之時間、地點、身旁有無其他人等等實際狀況而定。

2. 上述五種遺囑的形式要求（包含由誰書寫，書寫方式，還有幾個見證人，要不要公證等）有瑕疵。例如：代筆遺囑需要三名見證人，但若遺囑上只有兩人簽名等，這些都是很常被拿出來質疑遺囑的合法性。

3. 除了立遺囑人的「認知和行為能力」以及「遺囑形式」有爭執外，針對**遺囑內容有無違反法律的規定**。例如：對於遺產的規劃安排有無違反法律規定的「特留分」等。

4. 立遺囑人的「認知和行為能力」以及「遺囑形式」若被認定有瑕疵，那麼整份遺囑通常會被認為無效，此時會回到無遺囑的狀況，依照**法律規定的繼承方式來處理**。但若是針對遺囑內容違反法律特留分部分，法院判決通常認為得回到法律**特留分的最低要求**來辦理，而不是整份遺囑無效。

5. **舉例而言，王老先生在做成遺囑時，實際上已經沒有行為能力、不知道自己正在製作遺囑，而此份遺囑最終也被法院認定為無效。**

6. 但如果王老先生因偏愛某孩子，要把財產權給他。其他孩子可以用特留分（詳細說明請見 Q8）來主張自己在此份遺囑的權利。

監護宣告

監護宣告是指法官透過裁定方式宣告某位因精神狀況或疾病
等原因,因而宣告他沒有行使法律上行為的能力,並同時選
任另外的人擔任此受監護宣告人的監護人來幫助他。

Q.04 遺囑內容該注意什麼？

　　雖然自己可以依照自由意思書立遺囑，但並不是每份遺囑都算數的。預立遺囑除了需要注意「形式」，也要注意「實質」；形式指的是符合各種遺囑種類的形式要件，避免遺囑無效，實質指的則是避免侵害特留分等法律規定。

✒ 「自書遺囑」需要注意的事項

　　以自書遺囑為例，對於一般民眾來說，最方便、節省成本的預立遺囑方式，應該就是「自書遺囑」了。「自書遺囑」請記得以下幾點：

（一）立遺囑時需要有行為能力

　　遺囑者在立遺囑時的行為能力是否健全非常重要，這也是很常在訴訟上被提出質疑的地方，也就是「是否在意識不清楚的情形下做成的遺囑」。

（二）自書遺囑，顧名思義要自己手寫遺囑全文

現代人大多數都習慣用電腦打字，而越來越少自行手寫文件，但目前司法實務仍認為**手寫才能辨識是否親自書寫（從筆跡可以辨識，甚至也可以判別是否有行為能力**等）。而電腦繕打要如何才能確認是否為立遺囑者親自繕打等還有爭議，目前實務見解**仍然認為自書遺囑不能**以電腦打字的方式代替。

（三）一定要明確記載遺囑書立的「年月日」

由於立遺囑時的行為能力非常重要，並且可能會有很多份，需要判斷先後順序等，因此**法條規定要有「年月日」**；司法實務上曾經出現有遺囑只寫「年月」沒有「日期」，最後被認定遺囑無效，因此為避免爭議，建議詳細記載「年月日」

（四）切記一定要親自簽名

1. 由於自書遺囑重視遺囑內容是否為遺囑人內心真實的想法，為了防止遺囑遭人偽造、變造，多數司法實務認為針對《民法》第 1190 條規定的簽名，不得以「蓋章」代替，以便嗣後以筆跡比對辨識是否為遺囑人所為。

2. 另外有關遺囑內容的增刪修改部分，法條規定有增減、塗改，應註明增減、塗改之處所及數字，並另行簽名。目前最嚴謹的作法是增字或刪除錯誤後，在遺囑末尾處，註明第幾頁第幾行有更正補充或刪除，並寫明字數。

（五）遺囑千萬不能汙損

如果立遺囑人故意破毀或塗銷遺囑，或在遺囑上記明廢棄之意思者，其遺囑被視為撤回。

✒ 怎樣的「遺囑」會被主張有瑕疵？

1. 遺囑形式沒有符合法律規定

（1）自書遺囑要遺囑人手寫

（2）公證遺囑要遺囑人在公證人處口述，由公證人書寫

2. 公證遺囑、代筆遺囑和口授遺囑，沒有見證人

（1）代筆遺囑需要 3 名見證人

（2）公證遺囑需要 2 名見證人

（3）口授遺囑需要 2 名見證人

（4）密封遺囑需要 2 名見證人

3. 見證人資格限制，不是任何人都可以擔任見證人，以下這些「無法擔任遺囑見證人」：

（1）未成年人；

（2）受監護或輔助宣告的人；

（3）繼承人及其配偶或其直系血親；

（4）受遺贈人及其配偶或其直系血親；

（5）為公證人或代行公證職務人之同居人助理人或受僱
　　人。

Q.05 遺囑內容可以改變嗎？

時常被問到「如果我寫了遺囑，後來想要改變遺囑的內容，可以嗎？」當然可以！但是變更的方法，會依**作成遺囑之方式**而有所不同：

1. 如果當初是用自書遺囑之方式作成，根據《民法》第1190條，可以直接**在原遺囑上增減、塗改**，但是要**註明增減、塗改之處所及字數**，並且**要記得另行簽名**，才算是合法的修改遺囑。如果沒有依照上述方法修改，而是按照目前法院的見解，會認定這個修改不生效力。因此為了避免爭議發生，仍以法條所規定之方法作修改最保險。

2. 倘若時常拿寫遺囑當練字，那麼當前後遺囑內容不一樣，實務上最常發生的就是，親人過世後發現到兩份遺囑，當內容相牴觸時，應該以後面的遺囑為準。為避免這樣的問題，遺囑上千萬**要寫明年、月、日**，這不只是遺囑效力的問題，更能比較出遺囑先後，讓新遺囑取代舊遺囑。

3. 如果當初是用公證、密封、代筆、口授等方式作成，因為法條沒有規定如同自書遺囑那般修改之方法，因此只能利

用《民法》第 1219-1222 條之「撤回」方式來修改遺囑：

（1）用符合《民法》所列之五種立遺囑的方式再立一份新的遺囑：根據《民法》第 1220 條，新舊遺囑裡所相矛盾、牴觸之部分（例如第一份遺囑書要給 300 萬，第二份遺囑改成 500 萬或 100 萬），效果為前遺囑撤回，因此會以新遺囑之內容為準。

（2）另外，根據《民法》第 1221 條、1222 條，遺囑人不一定要寫新的遺囑，也可以透過「特定行為」來撤回遺囑以達到修改遺囑之目的。

　　例 遺囑人在完成遺囑後，如果有**故意破壞遺囑或塗銷遺囑、在遺囑上表明廢棄之意等行為**，那份遺囑在法律上就被當作撤回。

　　例 遺囑中寫明：「遺囑人所有之車牌號碼為 ABC1234 之車輛，所有權歸給次子乙」，然寫完遺囑後，卻在生前將該車送給別人，那麼遺囑中所寫之關於車輛所有權分配之部分，視為撤回。

4. 綜上所述，修改遺囑往往會造成許多紛爭：是否為遺囑人本人親自所為的塗改？應以哪一份遺囑為主？等等，都是實務上常出現的問題。因此，如果有修改遺囑的必要，**建議直接按照法定的五種方式重新再製作一份遺囑，原本之遺囑則可以直接銷毀，避免兩份遺囑同時存在。**

Q.06 誰可以成為遺囑裡的受益對象？

　　既然是自己的財產，遺囑是否可以按照自己的規劃，把財產送給自己想要送的人；就這問題，可能會令你有些小失望，因為法律原則上會保障**與你有親屬關係之人可以有權繼承**，但也某程度上地尊重你想要規劃的願望，因此究竟有什麼人會在自己去世以後可以承受自己的財產呢？法律上規定的為**法定繼承人、受遺贈者**以及**被繼承人生前繼續扶養之人**三種：

✒ 法定繼承人

1. 根據《民法》第 1138 條規定，**「配偶」**是當然的繼承人，也就是說在被繼承人過世的時候，還活著的**合法配偶**當然是可以繼承財產之人。

   至於其他法定繼承人，依照《民法》第 1138 條，會按**直系血親卑親屬、父母、兄弟姊妹、祖父母之順序繼承**，如果**先順位的親人不存在**，才會輪到後順位之人。

其中需特別注意「直系血親卑親屬」，也就是**兒女**（包含**收養和認領**）、孫子女等，根據《民法》第 1139 條，親等越接近者越優先繼承，亦即兒子繼承了父輩財產後，該兒子之直系血親卑親屬即無法繼承。

2. 我國還有《民法》第 1140 條「代位繼承」制度中，若第一順位的繼承人，即兒子先去世或被剝奪繼承權，那麼孫子可以代替兒子來繼承這一份：

（1）代位繼承：只有因「死亡」及「因《民法》第 1145 條喪失繼承權者」兩種原因，會發生代位繼承之效果，也就是為其他原因而喪失繼承權（例如拋棄繼承、終止收養）等，均無代位繼承制度之適用。

（2）順道一提，所謂的代位繼承制度是指「繼承人為直系血親卑親屬之間」所特有之規定，如果繼承人是兄弟姊妹，那麼他的直系血親卑親屬則無法透過代位繼承來繼承。

✒ 受遺贈者

所謂遺贈是指遺囑人透過遺囑表示，將其財產無償送給某人之行為。根據《民法》第 1201 條，該受遺贈人需要在遺囑生效前（也就是遺囑人過世前）還活著才是合法的

受遺贈人。

✒ 被繼承人生前繼續扶養之人

最後，需特別注意《民法》第 1149 條「被繼承人生前繼續扶養之人」，其具有遺產**酌給請求權，所以也可能是會一起分遺產的人**！所謂「被繼承人生前繼續扶養之人」，依照目前法院的見解，需要是被繼承人「生前」持續扶養之非繼承人（可能是在外共同居住的伴侶），而且因為被繼承人過世後，**未受遺贈、不能維持生活而無謀生能力、生活限於困難者**，才可以請求。

哪些人在法律上是喪失繼承權者?

《民法》第 1145 條規定有下列各款情事之一者,喪失其繼承權:

一,故意致被繼承人或應繼承人於死或雖未致死因而受刑之宣告者。

二,以詐欺或脅迫使被繼承人為關於繼承之遺囑,或使其撤回或變更之者。

三,以詐欺或脅迫妨害被繼承人為關於繼承之遺囑,或妨害其撤回或變更之者。

四,偽造、變造、隱匿或湮滅被繼承人關於繼承之遺囑者。

五,對於被繼承人有重大之虐待或侮辱情事,經被繼承人表示其不得繼承者。

前項第二款至第四款之規定,如經被繼承人宥恕者,其繼承權不喪失。

Q.07 若未預立遺囑，配偶能分到多少遺產？

　　不少長輩不想先立遺囑，因為覺得這是件觸霉頭的事情，也不想事先做規劃，怕給了孩子，孩子萬一不養他們就慘了。法律上，如果未立遺囑，遺產就會由法定繼承人來繼承，依照《民法》第1138條規定，遺產繼承人除配偶外，依下列順序定之：1.直系血親卑親屬、2.父母、3.兄弟姊妹、4.祖父母。

　　至於配偶究竟可以分配多少比例由於配偶在另一伴去世時，可能有的財產權益有「剩餘財產分配請求權」以及「繼承」，撇開剩餘財產分配不說，就要看配偶是與哪個順位的繼承人一起繼承了。依照《民法》第1144條規定：1.與子女或孫子女等第一順位繼承人同為繼承時，其應繼分與他繼承人平均。2.與父母或兄弟姊妹同為繼承時，其應繼分為遺產二分之一。3.與祖父母同為繼承時，其應繼分為遺產三分之二。4.如果沒有其他繼承人時，其應繼分為遺產全部。

1.配偶何時會請求「**夫妻剩餘財產分配**」，必須被繼承人

在婚姻存續中財產比配偶多，被繼承人的配偶在分配遺產之前，可以主張婚姻存續中增加財產差額的一半作為剩餘財產分配！

2. 確認遺產淨值後，由法定繼承人按應繼分來分配。根據《民法》第 1144 條，配偶之應繼分會根據和誰一起分配而不同。假設被繼承人死亡，遺有 600 萬遺產，也全屬婚後增加，配偶婚後沒有增加財產，扣除剩餘財產分配後，遺產淨值為 300 萬（600-$\frac{600}{2}$=300 萬）：

（1）配偶和直系血親卑親屬一起繼承：根據《民法》第 1144 條第 1 款，會是配偶以及直系血親卑親屬一起平均分配，假設被繼承人有兩名小孩，則 300 萬就是由配偶及兩位小孩均分，每人各 1/3，各得 100 萬元。

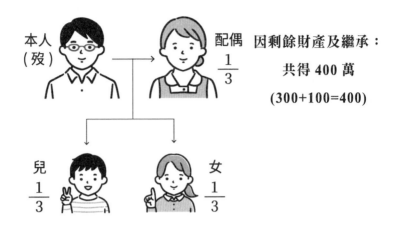

（2）配偶和父母一同繼承：根據《民法》第 1144 條第 2
款，會先由配偶取得 1/2，剩餘的財產，再根據第
1141 條，由父母均分。即假設過世時父母均健在，
則其所遺留之 300 萬，將由配偶先取得 1/2 即 150
萬元後，剩餘之 150 萬由父母均分，父母每人得 75
萬元。配偶基於剩餘財產分配及繼承，共得 450 萬。

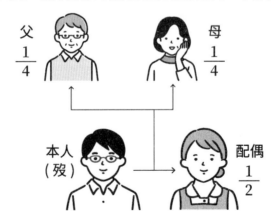

（3）配偶和兄弟姊妹一同繼承：根據《民法》第 1144 條
第 2 款，會先由配偶取得 1/2，剩餘的財產，再根據
第 1141 條，由兄弟姊妹均分。即假設過世時兄弟姊
妹均健在，則其所遺留之 300 萬，將由配偶先取得
1/2 即 150 萬元後，剩餘之 150 萬由兄弟姊妹均分，
兄弟姊妹每人得 75 萬元。配偶基於剩餘財產分配及
繼承，共得 450 萬。

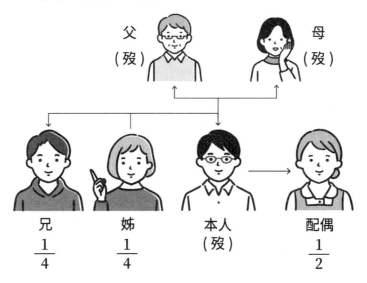

（4）配偶和祖父母一同繼承：據《民法》第 1144 條第 3
款，會先由配偶取得 2/3，剩餘的財產根據第 1141
條，再由祖父母均分。假設過世時，無子，父母亦

雙亡，惟內外祖父母共四人均健在，則其所遺留之
300 萬，將由配偶先取得 2/3 即 200 萬元後，剩餘
之 100 萬由內外祖父母均分，每人得 25 萬元。配偶
基於剩餘財產分配及繼承，共得 500 萬。

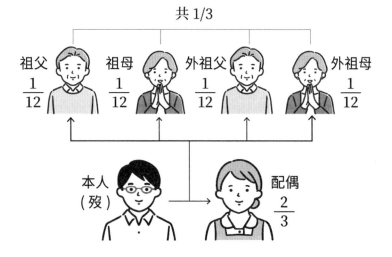

（5）無其他法定繼承人時：據《民法》第 1144 條第 4 款，
　　 遺產將由配偶一人獨得 600 萬。（其中 300 萬剩餘
　　 財產分費，另 300 萬為遺產繼承）

Q.08 我的財產可以自由用遺囑規劃嗎？

　　原則上財產處分是自由的，遺囑的規劃也是自由的，但因我們仍舊有家族倫常的觀念，為保障法律關係裡的家族成員彼此間的繼承權利，因此我國《民法》用負面表列方式，只要遺囑的規劃不侵犯繼承人的「特留分」，並且符合各種遺囑種類的成立要件，基本上法律尊重各遺囑人的自由規劃和處分權利。

⬦ 就繼承部分，需要了解以下三項名詞「指定應繼分」、「法定應繼分」與「特留分」

1. 指定應繼分（民法第 1187 條）

　　遺囑人在不違反關於特留分規定的範圍內，得以遺囑自由處分遺產，規劃各繼承人可以繼承的份額。

2. 法定應繼分（民法第 1144 條）

　　配偶有相互繼承遺產之權，其應繼分依左列各款定之：

（1）與第 1138 條所定第一順序之繼承人同為繼承時，其
應繼分與他繼承人平均。

（2）與第 1138 條所定第二順序或第三順序之繼承人同為
繼承時，其應繼分為遺產二分之一。

（3）與第 1138 條所定第四順序之繼承人同為繼承時，其
應繼分為遺產三分之二。

（4）無第 1138 條所定第一順序至第四順序之繼承人時，
其應繼分為遺產全部。

3. 特留分（就是法律特別保留給繼承人最低可以繼承的權利）
繼承人之特留分，依下列各款之規定：

（1）直系血親卑親屬之特留分，為其應繼分二分之一。

（2）父母之特留分，為其應繼分二分之一。

（3）配偶之特留分，為其應繼分二分之一。

（4）兄弟姊妹之特留分，為其應繼分三分之一。

（5）祖父母之特留分，為其應繼分三分之一。

　　時常有人問到，如果有不在遺產繼承權利人範圍內的
「外人」對我真的很好，或者有些公益團體真的很有意義，
而我的遺產繼承權利人對我不好或者他們已經很有錢不需
要這些，我應該要如何規劃才能不受特留分的規範呢？這
問題的回答大概可分為以下幾個面向：

1. 面對一想到他自己心情就很不美麗的人，根本不想讓他

繼承，就可評估考慮「喪失繼承權」，直接讓他不能繼承，也沒有特留分的問題，至於如何能讓他喪失繼承權，我們將在下一章說明。

2. 想讓繼承人無法繼承那麼多遺產，就設法拉低遺產總額吧！也就是透過「生前贈與」或「信託」等方式讓財產的一部分不是以「遺產」的形式留給繼承人，但要特別注意《民法》有規定：

（1）如果繼承人受贈的原因是結婚、分居或營業，那麼這些贈與價額要在遺產分割時，在該繼承人應繼份額中扣除。**舉例來說，王老先生生前在女兒王美美出嫁時，有贈送王美美一筆 30 萬的嫁妝；則王老先生過世時，王美美所分配到的遺產就要扣除 30 萬。**

（2）針對生前贈與，如果是在繼承開始前 2 年內將遺產的一部分贈與給被繼承人，那贈與的部分仍然算作遺產喔！**再舉例，王老先生在過世前兩年內曾經塞了一筆 10 萬元的紅包給女兒王美美；則王老先生過世時，這 10 萬元仍要被計算是王老先生遺產的一部分。**

3. 最後如果要用遺囑將財產贈與繼承人以外的第三人，也就是**遺贈**；得在沒有侵害特留分的情形下，尊重遺囑的自由規劃，但若導致繼承人無法取得特留分，不足的部分依照《民法》第1225條的規定，還是會從遺贈的遺產中補足喔！

Q.09 我可以把財產全部捐出去，不留給不孝子女嗎？

很多人以為遺囑的內容是遺囑人想寫什麼就寫什麼；但應該這麼說，法律上為了保護繼承人的繼承利益，設有「特留分」之制度，因此在沒有侵害每個繼承人特留分的情形下，遺囑是可以自由揮灑規範的。

然而「養老防兒」的觀念近來已經越來越消失了，面對不肖或與自己交惡，甚至老死不相往來的繼承人，實在很不想要把辛苦大半輩子累積的財富就這樣白白給他，那麼就要來看看是否符合法律規定的「喪失繼承權」情形。根據《民法》第 1145 條，喪失繼承權的原因大致分為三種：

1. **絕對喪失繼承權**：也就是如果被繼承人「有故意致被繼承人或應繼承人於死或雖未致死因而受刑之宣告」的情形，他的繼承權就當然喪失。

2. **相對喪失繼承權**：如果被繼承人「以詐欺或脅迫使被繼承人為關於繼承之遺囑，或使其撤回或變更之者」，「以詐欺或脅迫妨害被繼承人為關於繼承之遺囑，或妨害其撤回或變更之者」，「偽造、變造、隱匿或湮滅被繼承

人關於繼承之遺囑者」，這三種情形中，原則上繼承人會喪失繼承權，但如果被繼承人有原諒的情形，那麼繼承權就不喪失。

3. **不直接喪失繼承權**：繼承人如果對被繼承人有重大虐待或侮辱等行為時，需經被繼承人表示其不得繼承者，會喪失繼承權。

例如：若子女不孝（包含家暴或惡意遺棄等），不希望讓他有繼承權，就必須把他如何不孝具體內容寫下來，並且明白表示他不得繼承財產，這樣才能達到喪失繼承權的效果。

不論是子女與父母間或與兄弟姊妹間，若只是單純感情淡薄，沒有具體交惡達到重大虐待或侮辱，依目前法院見解較難為剝奪其繼承權。

由上說明可知，對於讓自己心不美麗的繼承者，雖不見得能順利讓他喪失繼承權，但對於讓自己心很感恩和喜悅的，若想以遺贈方式贈與，仍要考慮特留分，否則還是會被權利受侵害的繼承人行使民法第 1225 條「扣減權」。

例如：頂客族夫婦 AB，平常很少跟兄弟往來，A 過世後留有 240 萬，其有效之遺囑寫下「將財產全數捐給○○基金會」，然而其還有具繼承資格之配偶 B 以及其兄弟 C、D

共三人，此時應先算出 B、C、D 三人之應繼分：B 之應繼分為 240 萬之 ½，即 120 萬元（假設並無剩餘遺產可分配）；B、C 分別得 120 萬之 ½，即 60 萬元。再根據特留分之規定，B 之特留分為應繼分之 ½，120 萬之 ½ 即 60 萬元；C、D 之特留分分別為應繼分之 ⅓，60 萬之 ⅓ 即 20 萬元。因此，B、C、D 分別得行使扣減權，主張 60 萬、20 萬、20 萬元。而總遺產所剩之 140 萬元（240 萬 -60 萬 -20 萬 -20 萬＝ 140 萬），始得捐給○○基金會。

Q.10 同居伴侶是否擁有遺產權益？

　　現在越來越多所謂的「事實上夫妻」或者「有各樣不得已的原因而無法結婚卻共同生活多年的伴侶」。對於一方死亡，但遺產因不具繼承身分而無法繼承，進一步尋求司法救濟。

　　依《民法》第 1138 條的規定，享有繼承權的親屬僅有**「配偶、直系血親卑親屬、父母、兄弟姊妹、祖父母」**，因此，未經法律承認「配偶關係」的事實上夫妻，相互間並沒有繼承權。而在過去案例中，法院若碰到事實上夫妻主張繼承時，多半是用**「酌給遺產」**的方式進行處理。依照《民法》第 1149 條規定，被繼承人生前繼續扶養之人，應由親屬會議依其所受扶養之程度及其他關係酌給遺產。

🖋 什麼是「遺產酌給制度」？

　　「遺產酌給制度」主要基於「死後扶養」概念，死者生前所扶養的親屬，死後以其遺產繼續扶養。為避免被繼

承人死亡後，「生前繼續扶養之人」突然頓失依靠，因此可請求遺產酌給權。而目前司法實務見解（最高法院 102 年度台簡抗第 52 號裁定）認為，《民法》第 1149 條之立法目的係被繼承人生前繼續扶養之人，於被繼承人死亡後，生活無著，乃允其請求酌給遺產。在執行酌給遺產時，除應審酌受被繼承人扶養之程度、受扶養人之年齡、身體狀況、生活情形、與被繼承人間之身分關係、遺產之狀況外，尚應審酌遺產酌給請求權人之財力、日常收入是否足以維持其日常生活。

就司法實務見解，認為遺產酌給請求權的**要件有**：

1. 被繼承人生前繼續扶養之人（多發生於類如事實上夫妻關係者）。
2. 以不能維持生活而無謀生能力者為限。
3. 被繼承人未為相當之遺贈。

◎「遺產酌給權」的配給額度規定

至於遺產酌給請求權的配給額度規定：

1. 酌給額度不能超過遺產總額。
2. 酌給額度必須考量到被繼承人受扶養程度、年齡與身體狀況。

3. 酌給額度必須考量受酌給權利人（扶養人）年齡、身體狀況、財務狀況。

4. 酌給額度要考量到權利人（扶養人）與被繼承人的身分關係與交情。

　　以上可知，對於沒有法律配偶身分者，在遺產繼承上的確較難與法律上配偶擁有一樣的權利，因為「酌給」本身就是一種恩惠給予的概念，因此倘若還來得及，建議在「事實上夫妻」的伴侶們，可以**「立遺囑贈與」**和**「信託規劃」**方式，並指定可信賴的人士為遺囑執行人或信託監察人。亦可利用**「適度的規劃人壽保險」**，**由伴侶擔任受益人**。因為透過受益人指定傳承財產給伴侶，完全不會受到《民法》特留分的拘束 。

Q.11 同性伴侶有什麼遺產權益？

　　由於司法院釋字第七四八號解釋施行法（同婚專法）生效後，同性伴侶在法律上的權利得到進一步的保障。就有關婚姻、財產、監護、繼承等，除了收養子女外，同性婚姻的權益原則上準用大部分的《民法》規定。也就是同性伴侶若有登記結婚，在財產及繼承上屬於《民法》上的配偶繼承權利。

　　倘若同性伴侶因各樣因素並未結婚登記，雖共同居住，就像一般同居關係，倘若想要讓伴侶在一方去世後，有財產上的保障，因同居關係並非法律的配偶，並無繼承權，頂多有請求遺產酌給的權利，那麼就建議能在生前利用保險、信託以及生前贈與及死後遺贈等方式相互配套，達到保障未登記結婚但同居之伴侶。

　　至於同性婚姻伴侶的財產，對方若有子女，是否有繼承權呢？就要看有無收養：

1. 依照「同婚專法」第 20 條規定，同性婚姻雙方當事人的一方收養他方之親生子女時，準用《民法》關於收養之

規定。若伴侶有收養他方的親生子女，那麼依照法律規定，就有繼承權，伴侶與子女的應繼分也準用《民法》的規定，也就是伴侶與子女一起均分。

2. 但若伴侶並未收養他方的親生子女，那麼他們在法律上並非直系血親關係，就沒有法律上的繼承權利。

3. 另外如果同性婚姻之一方在結婚前收養無血緣的子女，依照目前專法的規定，他方不得就養子女進行收養，因此他們在法律上並非直系血親關係，就沒有法律上繼承權利。

4. 倘若在同性婚姻中，雖未收養另一方的子女，但子女確實有與他們共同居住，並且有生前繼續扶養，準用《民法》1149 條規定，由親屬會議依其所受扶養的程度酌給遺產。

Q.12 大陸地區和親友的繼承權益是什麼？

　　在這幾年疫情風暴下，出現不少案例：在大陸的台商或台幹不幸染疫身故，台灣的家屬要處理被繼承人在大陸地區之資產，赫然發現其在大陸早已有子女「兩岸一家親」。

✒ 首先要處理誰有繼承權？

1. 依照我國《民法》規定，配偶、直系血親卑親屬、父母、兄弟姊妹、祖父母，這些才有順位繼承權。至於直系血親卑親屬在哪個國家，有沒有入台灣戶籍，只**要確定有血緣關係，或者確實讓被繼承人收養**，有法律上子女的身分，就可以成為繼承人。

2. 至於大陸地區人民欲繼承台灣地區人民之遺產，應於繼承開始起三年內以書面向被繼承人住所地之法院為繼承之表示；逾期視為拋棄其繼承權。

3. 被繼承人在台灣地區之遺產，由大陸地區人民依法繼承

者（除配偶外），其所得財產總額，**每人不得逾新台幣二百萬元**。超過部分，歸屬台灣地區同為繼承之人；台灣地區無同為繼承之人者，歸屬台灣地區後順序之繼承人；台灣地區無繼承人者，歸屬國庫。

4. 被繼承人把在台灣地區之財產遺贈大陸地區人民（除配偶外）、法人、團體或其他機構者，其總額不得逾新台幣二百萬元。

5. 被繼承人的**配偶**如果是大陸地區人民，則**沒有繼承和遺贈新台幣二百萬元的限制**，也就是可以跟台灣籍人士享有一樣的繼承和受遺贈的權利。

6. 遺產中，有以不動產為標的者，應將大陸地區繼承人之繼承權利折算為價額。但其為台灣地區繼承人賴以居住之不動產者，大陸地區繼承人不得繼承之，於定大陸地區繼承人應得部分時，其價額不計入遺產總額。

7. 香港居民依《香港澳門關係條例》規定，其繼承台灣人民之遺產，並無兩岸關係條列之適用，也就沒有新台幣200萬之限制。

台灣的繼承人要如何到大陸辦理繼承？

1. 首先，大陸繼承法與我國有關繼承人之規定並不相同，

例如：

（1）大陸繼承法之第一順位繼承人為子女及父母，我國《民法》的第一順位是直系血親卑親屬，父母是第二順位。

（2）大陸繼承法中，扶養關係的繼子女（再婚配偶的孩子）及繼父母亦為此條所稱之子女、父母；但我國《民法》中，繼親除非有辦理收養認可，否則對於無血緣之繼親是沒有繼承權的。**此為兩岸法律針對有繼承權的子女、父母規定不同之處。**

2. 台灣人民（例如：台商等）過世時，若在大陸有置產（包含動產或不動產），這些資產應依**大陸之繼承法辦理繼承**，並應準備下列文件：

（1）被繼承人死亡之證明文件。

（2）繼承權之證明：例如被繼承人與繼承人之戶籍謄本。

（3）繼承系統表。

（4）授權／委任書。

（5）大陸房地產的房產證、國土證原本、銀行存摺原本，還有繼承人之身分證明（如台胞證、護照、身分證，如親自前往辦理則應提出原本）等。

（6）以上所有文件都要經過我國公證人之公證後，將所有文件**經海基會以公函將公（認）證書副本寄送當**

事人指定之大陸使用地區之省（自治區、直轄市）**公證協會**，以證明文件之真正。

3. 台灣的繼承人如何到香港辦理繼承？

（1）台灣人繼承香港遺產，總共會經過「委託遺產律師」、「調查遺產明細」、「辦理應備文件驗證」與「取得授予書」這4大步驟。

（2）台灣人繼承香港遺產，會需要同時考量台港兩地的法律規範。因此建議由台灣、香港律師共同辦理，才能迅速處理繼承申請。

（3）台灣人繼承香港遺產首先需向香港法院申請承辦許可，然後準備遺產清冊與繼承人的資格證明。

（4）台灣人辦理香港遺產繼承時，有許多文件需要從台灣出具，且繼承人也需要確認所有繼承人身分以及諸多聲明文件，需要先由公證人認證與外交領事驗證，才能被香港法院接受。

（5）依照香港地區法律，遺囑執行人或遺產管理人根據遺囑或法律規範，取得授予書後，處理被繼承人所遺下的遺產（包含財產及債務）。

Q.13 遺囑要怎麼執行？

　　在不少子女眾多或者是子女為身心障礙者的家族中，立遺囑者對於其去世後，究竟能否好好地和確實地讓遺囑落實，心裡其實非常在意，因此由誰來執行遺囑，以及誰能確實把遺囑落實，就成了這份遺囑能否成為財富傳承的關鍵——即由「遺囑執行人」來實踐遺囑。

✒ 為何需要遺囑執行人？

　　遺囑執行人是貫徹立遺囑人之想法，使遺囑能完整實踐的重要角色，其職務包含：（1）編制遺產清冊、（2）管理遺產，（3）甚至可以為「執行上必要行為之職務」，亦即可以（4）請求占有遺產之人返還遺產，（5）將遺贈物交予受遺贈人等。因此，選任能避免紛爭的遺囑執行人至關重要；也可以藉由選任多位遺囑執行人，使其透過「過半數決」之方式來執行職務（《民法》第 1217 條參照），以避免爭議發生。

✒ 遺囑執行人之產生

根據《民法》第 1209 條及 1211 條，遺囑執行人應按以下順序產生：

1. 由**遺囑人**於遺囑**指定**或是**委託他人**指定。
2. 若遺囑人未指定亦未委託，則交由**親屬會議**選定。
3. 如親屬會議無法選定，得由**利害關係人**（如繼承人、受遺贈人等）**聲請法院指定**之。

✒ 誰可以擔任遺囑執行人？

根據《民法》第 1210 條，僅有**未成年人、受監護宣告**或**輔助宣告之人**，不得擔任遺囑執行人。

因「繼承人」理論上可以擔任遺囑執行人，且倘若遺囑人認為繼承人擔任遺囑執行人妥適，基於尊重遺囑人之意願，也有一些遺囑是由繼承人擔任遺囑執行人之資格。但繼承人兼任遺囑執行人，除非大家彼此信任，且對於遺產如何分配和執行沒有特別的意見，否則當繼承人又是遺囑執行人，常會因為利害衝突而產生爭議。故多以**律師、代書等專業並中立之第三人**擔任遺囑執行人較為妥適。

遺囑執行人有報酬嗎？該如何給？給多少？

1. 根據《民法》1211 條之 1，遺囑執行人得請求相當之報酬。但所謂之相當究竟為多少並不一定，需個案考量**遺產之數額、管理事務之複雜度、繼承人、受遺贈人等人數之多寡**而定，法院在審酌報酬時，會參酌各專業人士的收費標準綜合判斷之。

2. 而遺囑執行人之報酬，因具有各繼承人間共益性質，應認屬《民法》第 1150 條所稱之遺產管理費用，因此遺囑執行人之報酬，應**由遺產支付之**。且因遺囑執行人屬於委任之性質，應適用《民法》第 548 條關於委任之「**報酬後付**」原則，也就是除非在委任契約另有約定，一般在遺囑執行人就遺囑相關事宜**全數處理完畢**後，始可請求給付報酬。

chapter 02

50 以後要開始
做財務傳承的規劃

Q.14 傳統財富傳承的種類和風險

　　接到不少爺爺奶奶因為太早把房產過戶給孩子，後續因各樣因素，最後人財兩失。也曾接到夫妻離婚，其中一方以為用保險規劃，受益人寫未成年子女就足夠了，結果人死之後，因為孩子歸對方監護，錢也全進入對方口袋了。也曾遇到無為而治隨緣型，結果房子要繳高額稅負，孩子根本無福消受。

　　下面將過去比較常見的資產傳承方式，整理如下：

✒ 贈與

　　這是父母長輩很常用的財富傳承方式，自 111 年起，每人每年贈與免稅額調高為 244 萬元，若父母每年都贈與子女免稅額的上限，確實能達到某程度上有效的節稅。

1. 優點：每年都有贈與額度，多年下來可傳承高額資產且不必繳稅，適合長期規劃用。
2. 缺點：資產過戶後父母失去掌控權，可能發生子女闖禍，

而財產被強制執行，或者子女不孝拿了財產不扶養，甚至出現揮霍無度的情況。

✒ 保險

由於保險理賠金中的「身故保險金」未列入被保險人的遺產中，也不列入受益人的基本所得，且保險受益人的填寫並不受《民法》特留分限制，能按照被繼承人的意願，將資產傳承給想傳承的人，可謂是財富傳承的好工具。

1. 優點：因身故保險金不列入遺產、一定額度內也不會向受益人課徵所得稅，且某程度不受《民法》特留分的限制。
2. 缺點：因「**實質課稅原則**」，國稅局針對八種投保情形（例如：**躉繳投保、重病投保**等），認定課徵贈與稅，因此被繼承人需提早準備傳承計劃，且此部分資金較無彈性運用空間。需留意的是，並且不少保險理賠後，因無配套理財規劃，受益人無法妥善保有和運用。

✒ 繼承

生前訂定遺囑，或者完全沒有遺囑，是目前最多人用於傳承資產的方式。

1. 優點：生前有遺囑的，可以大部分照遺囑人自己的意思做規劃。

2. 缺點：遺囑的訂定有特留分的規定。並且因為繼承人需先繳完「遺產稅」才能繼承遺產，在實務上不少子女沒有足夠現金繳納遺產稅，反而讓遺產成為另一種沉重的壓力。

　　傳統常見的幾種傳承工具（贈與、保險和繼承）各有其優缺點，但是否能兼顧「養老防兒」和「財富傳承」，不得不說，在某程度上確實不足。在歐美已超過百年的「信託」開始在我國盛行，政府甚至推動起「信託 2.0」，讓信託不只結合上述傳承工具（贈與、保險、遺囑），資產傳承能更有效的按照父母的計劃來執行，如遺囑信託、安養信託、子女保障信託、保險金信託……。此外，更讓信託可以跟各種安養資源結合（例如：金融單位，安養機構，不動產等），期待財富傳承也能安養和幸福傳承。

Q.15 做傳承規劃，你不可不認識的「信託制度」

　　過去講到信託，感覺就只是有錢人的財務規劃工具，但這幾年因個人信託觀念越來越被接受，加上政府「信託2.0」的計畫開始開展，信託不再是「有錢人」專屬理財工具，在資產傳承、節稅、個人晚年規劃、和公益捐贈規劃上，都會談到「信託」。

信託意義

　　什麼叫做「信託」？依照《信託法》的定義，信託是「**委託人**」將財產權移轉或為其他處分，使「**受託人**」依信託本旨，為「受益人」之利益或為特定之目的，管理或處分信託財產之關係。

　　講到信託，有個重點就是「**委託人要將名下財產移轉至受託人名下**」，且一般信託若是由機構處理會酌收各樣費用。一般人會好奇為何要用信託制度，到底有什麼好處呢？這好處一定要能彌補在過去財富傳承方式可能有的風

險，才有使用信託的實益。

　　過去有「贈與」、「保險」或「繼承」，但在執業經驗中發現每樣方式均有它不同的風險：

1. 在贈與方式下：不少父母為做繼承規劃，早早將財產以贈與名義過戶給孩子，結果遇到孩子不肖，把房產變賣，棄養父母，最終父母連醫藥費用或安養費用都沒著落的案例層出不窮。

2. 就股票或不動產的提前移轉，也會在大家族裡發生，造成子女提早爭產。

3. 在保險方式下：雖然保險有保障等功能，但亦時常發現保險理賠後，未成年子女擁有一大筆金錢，反而造成監護權的爭奪，或惹來諸多的誘惑及詐騙等問題。

信託的好處

　　以上財富傳承方式可能造成的風險，若在信託方式下，可以有如下好處：

1. 信託可指定要將財產分配給哪些受益人，也可指定受益人領取信託財產之時間點及條件，讓委託人藉由信託延伸其財產管理之意。

2. 遺囑若與信託結合規劃，可依立遺囑人之心願管理身後

財產，落實遺族照顧。

3. 保險與信託結合，在子女年幼時，信託規劃可避免子女年齡尚小不懂得管理財產或揮霍浪費，甚至也可以避免監護人侵吞子女之財產。

4. 由於《信託法》之規定，信託內的財產可不受債權人的執行，為財產建立防火牆。

5. 不少土地或股權透過信託的規劃，得以確保財產永續傳承，富過三代。

6. 妥善規劃信託也可以達到節稅的目的。

　　由於信託的諸多好處，因此越來越多結合保險或遺產等方式的信託規劃出現，另外還有如「子女之教育計畫的信託」、「年長者之安養信託」或者「有價證券信託」、「不動產信託」等，讓財富真的達到安全傳承。

Q.16 信託契約架構中的各關係人介紹

　　根據《信託法》的定義，信託為「委託人將財產權移轉或為其他處分，使受託人依信託本旨，為受益人之利益或為特定之目的，管理或處分信託財產之關係」。

　　依照此定義，信託契約的關係人有「委託人」、「受託人」、「受益人」和「信託監察人」。

信託契約關係人

委託人 —— 受託人 —— 受益人

信託監察人

	定義	權利	義務	責任
委託人	將財產委託他人管理的人。委託人不一定是自然人，法人也可以成為委託人。	1. 保留變更或處分受益人的權利 2. 解任或選任（新）受託人的權利 3. 終止信託的權利	1. 必須移轉信託財產至受託人成立信託 2. 終止信託需負擔損害賠償責任	
受託人	依信託本旨，為受益人的利益或為特定的目的，管理或處分信託財產。依照《信託法》規定，未成年人（民國112年1月1日起，年滿18歲就成年）、受監護或輔助宣告之人和破產人都不能擔任受託人。	1. 以信託財產抵償管理財產的稅捐費用或債務 2. 代墊費用償還請求權 3. 信託財產的留置權 4. 損害補償請求權 5. 報酬請求權（受託人不是無償、義務的喔）	1. 專業上的注意義務 2. 禁止從信託財產獲取利益的義務 3. 信託財產分別管理義務 4. 親自處理義務 5. 編制帳簿保存憑證的義務 6. 不得任意辭任的義務 7. 辦理登記申報各樣稅賦的義務	1. 對受益人的信託利益負有限責任 2. 管理不當的損害賠償責任
受益人	信託契約內享有信託利益的人，原則上不是信託契約當事人，卻享有信託利益之人。	1. 享有及處分信託利益 2. 撤銷權	受益人對受益人有補償或清償債務或提供相當之擔保的義務。	
信託監察人	通常在公益信託架構中會有信託監察人，可以是自然人或法人，且可以是一人或數人，但未成年人、受監護或輔助宣告者及破產人，不得為信託監察人。			監督受託人管理信託財產的狀況，確保受託人能依信託契約之約定，保障受益人的權益

Q.17 什麼是信託 2.0？

　　由於我國已經步入高齡化社會，高齡者的財務規劃、傳承及安養議題日趨被重視，2021 年開始，政府推動「信託 2.0」。所謂的「信託 2.0」計畫，**主要希望整合各資源平台**（包含信託業、保險業、不動產、醫療院所、社政及安養系統等），善用信託制度的優勢，為客戶量身訂做專屬的信託規劃，以期達到多元化財產管理與人身照顧及安養規劃。

　　政府推動「信託 2.0」，就高齡金融規劃的立場而言，以財富傳承和安養規劃的角度，信託可分為「個人信託」以及「家族信託」，本篇幅則以「個人信託」角度來介紹：

　　首先就銀髮財富傳承及安養規劃來論，過去多以「贈與」、「保險」和「繼承」方式為之，但現在實務上很常發現，「養兒防老」應該改成「養老要防兒」；不少案例裡的長者，在之前已經先將財產，不論是用贈與或保險規劃，總之就是先給了晚輩，但之後孩子不孝棄養或子女之間爭奪，或者孩子不成才闖禍殃及這些財產，而讓自己的

養老金損失；也可能擔心自己會因為失智、受到詐騙，因此若在個人信託裡就可以保全自己的財產，讓財產不致被侵吞，或是移作他用。

✒ 個人信託類型

一、根據**信託目的**不同，分成**「自益信託」**（以自己利益成立的信託）或**「他益信託」**（以他人利益成立的信託，包含子女等）

二、依照**信託標的**的不同（原則上任何類型的財產都可以辦理信託），就常見的信託有以下分類：

　　1. 以**現金**（或等同現金）為標的之信託，包括現金信託、股票（有價證券）信託、退休金信託、保險金信託等。

　　2. 現金以外為標的之信託，包括**土地房屋**信託，以及**債權**信託、**擔保品**信託、**租賃權**信託、**地上權**信託、**專利權**信託等。

　　只是目前在銀行承辦的實務上，還是以金錢信託、不動產信託，和有價證券信託為主。

三、就各信託的目的來看，目前常見的信託大概有以下幾種：「安養信託」、「子女保障信託」、「遺產信託」、

「保險金給付信託」、「股利贈與信託」、「管理型不動產信託」、「不動產買賣價金信託」、「公益信託」。

信託在財富傳承規劃裡，扮演越來越重要的角色，因為期待財富傳承能保障高齡者的下半場人生品質，希望達到留財不留怨，傳錢更傳愛。

Q.18 淺談個人信託

　　就「個人信託」來說，目前常見的信託產品有以下幾種：「安養信託」、「子女保障信託」、「遺產信託」、「保險金給付信託」、「股利贈與信託」、「管理型不動產信託」、「不動產買賣價金信託」、「公益信託」。

✒ 個人信託產品種類定義

1. **安養信託：** 委託人基於退休養老、子女照顧或身心障礙養護等不同需求，將金錢信託給予金融機構擔任受託人，依信託契約之約定代為管理信託財產，定期撥付生活、醫療、安養機構、看護等費用，使委託人無後顧之憂。

2. **子女保障信託：** 以子女為受益人的信託，長輩可以利用每年 244 萬贈與免稅額，慢慢地存入信託專戶中，等累積到一定金額或是約定於未來某一個特定的時間，再由銀行依信託契約約定專款專用在孩子身上，作為教育基金（例如子女要出國深造）、結婚基金或是創業基金等。

3. **遺囑信託**：由委託人預立遺囑，且在遺囑中指定遺囑執行人，載明將全部或部分遺產交付信託；等遺囑生效時，由遺囑執行人依遺囑內容交付信託，以避免在繼承上的各樣不必要的紛爭，並且可避免繼承後，子女將遺產揮霍或受騙。

4. **保險金信託**：將保險理賠金交付信託，是一種結合「保險」與「信託」的金融服務商品，於保險事故發生後，由保險公司將保險理賠金撥付至受託的金融機構保險金信託專戶，由該機構來擔任受託人，依信託契約之約定，定期撥付生活、醫療、教育等費用，確保保險金真正用來照顧受益人生活。此兩者結合，讓受益人在取得保險理賠後，仍能有好的規劃使用，真正保障受益人生活。

5. **股利贈與信託**：股票持有人將高股息的股票交付信託，並指定子女為股利受益人。信託期間透過信託專戶，由銀行撥付股利所得給子女。藉由逐年移轉股利，節省贈與稅或所得稅，並達成傳承目標。

6. **管理型不動產信託**：委託人將土地或房屋產權信託移轉給受託人，由受託人依信託目的保管不動產產權，避免不動產被任意處分，也可藉由信託，避免產權分散，讓不動產統一管理。

7. **不動產買賣價金信託**：確保買方之購屋價金安全，也確

保買賣雙方之債權人對該信託財產不得強制執行,目前不動產交易多使用此種信託方式保障雙方權益。

8. **公益信託:**以公共利益為目的,將財產信託交付受託人(機構),由受託人依約進行管理運用,以達捐贈人謀求公眾利益之目的,並受信託監察人及目的事業主管機關監督之一種信託業務。

Q.19 個人信託一定要找金融機構承作嗎？

　　個人信託指的是將有財產規劃需求的自然人，即「委託人」與「受託人」（可以是自然人也可以是法人機構）之間簽訂信託契約來移轉信託財產。

　　不管是自益信託、他益信託或公益信託，有越來越多金融機構承作，但因在金融機構承作的信託通常會有「信託規劃顧問費」、「簽約手續費」與「信託管理費」等費用，因此有人詢問：如果我信託金額不多，再被這些費用扣一扣就沒剩多少了，「那麼個人信託一定要找金融機構承作嗎？」

　　要回答這問題，得先看《信託法》第 33 條前段的規定，非信託業不得辦理不特定多數人委託經理第 16 條之信託業務。

1. 所謂的業務，就是指以擔任不特定多數人信託財產之受託人，並以此為營業，收取報酬。所謂的「不特定多數人」的信託業務（例如：各樣的信託投資基金或專門為

不特定多數人從事信託業務），就**一定是要以信託業為受託人**。

2. 如果是特定人的信託（例如家人間的信託或者一般所謂的民間信託），應該就不限於一定是信託業，律師、會計師、自己親友等自然人均可以擔任受託人。

3. 依《信託業法》規定，目前可申請經營信託業務者，除了專營信託業務的信託公司外，僅開**放銀行、證券投資信託事業、證券投資顧問事業**及**證券商**可以申請兼營信託業務。

　　由於信託制度的規範就是委託人的財產必須移轉至受託人名下，因此，委託人必須**高度信賴「受託人」**。對於誰可以成為信託之受託人，不應只考慮信託的費用高低，更要考慮的是**「有無能力管理信託財產」、「有無道德風險」**（白話文就是財產會不會被侵吞，或會不會違背委託人之意願或損害受益人的權益等），**「有無存續性」**（信託本身需要存續性，若受託人死亡或無法勝任等，將有損受益人之權益）。

　　由於信託業者，具有信託金融等專業能力，除了同時受《信託法》及《信託業法》之相關規範之外，尚需將信託財產、自有財產及其他委託人之信託財產分別管理及記

帳。另外，信託業者需盡善良管理人之注意義務、忠實義務，若信託業違反《信託法》或《信託業法》相關規範，將受罰鍰或刑責之處罰。再者，一般信託業係屬團隊經營，較不受個人死亡或無法勝任之影響，因此，透過信託業辦理信託將較有保障。

Q.20 個人信託契約的重要內容

目前已越來越多人有信託概念，但因為諸多考量（例如：手續費用等），有不少個人信託不一定會委託金融機構，有可能委託親友成立信託契約。但信託契約究竟應該要如何撰寫？應該要有怎樣的內容？簡要說明如下：

撰寫信託契約前，需要確認信託究竟屬於「自益信託」、「他益信託」或者「公益信託」，因為每一種屬性的利益不同，規範也不一樣。另外若是生前信託，也要確認此信託是不是可以撤銷（也就是反悔），因而可分為「可撤銷的生前信託」和「不可撤銷的生前信託」。

✒ 個人信託契約應該包含內容

依照《信託法》第二條規定，信託除法律另有規定外，應以契約或遺囑為之。而依《信託業法》第十九條，就信託契約之訂定，應記載下列各款事項有所規定：

1. **當事人**。也就是信託契約之委託人、受託人及受益人或

有信託監察人。

2. **信託目的**。也就是為何要訂立此信託合約的原因;載明信託目的,除有利於受託人管理財產外,亦可判斷受託人是否有符合信託目的處分信託財產。

3. **信託財產**。包括財產的種類項目(例如:現金,股票,保險金,退休金,不動產等)、數量和價格以及移轉時間、方法等。

4. **信託存續期間**。信託可以是定期信託,也可以是永續,無論是哪一種都要載明清楚。

5. **信託財產管理及運用方法**。信託人希望如何管理運用,能越具體陳述越好。

6. **信託收益計算、分配之時期及方法**。這部分很重要,建議要清楚明確規範。

7. **信託關係消滅時,信託財產之歸屬及交付方式**。信託的退場機制和處理也很重要,建議也得清楚規範。

8. **受託人之責任**。明定受託人管理權的範圍、委託人與受託人及受益人如何配合管理、委託人保留事項、由誰負擔等。

9. **受託人之報酬**。包含報酬的金額是固定或按一定的方式計算標準、給付方式、給付時間等。

10. **各項費用之負擔及其支付方法**。包含因信託契約、財產

管理及利益分配所產生的各樣稅捐（例如地價稅、房屋稅、土地增值稅等等）和費用應該由誰負擔和如何支付。

11. **信託契約之變更、解除及終止之事由。**就信託契約在哪些情形下可變更、解除以及終止，這是在信託契約中，可以保障信託人、受託人和受益人的重要事項，建議要具體載明清楚；尤其是終止後，除依法可以終止信託合約的情形以外，訂立信託合約時應可訂立特定終止信託合約的事由。

12. **當事人簽名：**信託合約應由委託人及受託人簽字。

13. **訂約時間。**

14. **其他約定之事項。**例如是否辦理公證等事項約定 。

Q.21 遺囑信託該如何規劃？

　　遺囑信託，就是「遺囑」與「信託」的結合。就是由立遺囑人（委託人）訂立遺囑，在遺囑中載明將特定或全部遺產成立信託，委由受託人在遺囑生效（即委託人過世）時，依照遺囑事先指定的管理方式，將遺產定期或到期了就給予受益人。

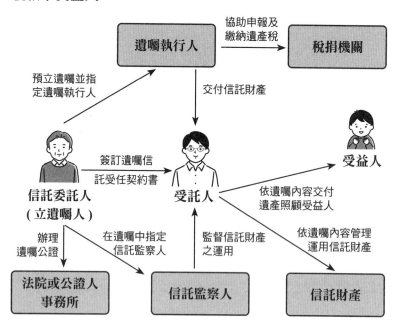

✒ 遺囑信託概念

1. 「遺囑」重在**遺產的分配**,「信託」重在**遺產的管理**。於委託人死亡後,由受託人管理處分信託財產,按時定期給付信託利益給受益人,如此做可以防止遺族揮霍,達到周延照顧被繼承人或家人的心意。

2. 「遺囑信託」,首先**此遺囑必須是有效的**,包含需要符合各種遺囑種類(自書遺囑,公證遺囑,密封遺囑,代筆遺囑,口述遺囑)的形式要件要求。(例如:是否手寫,是否要有幾位見證人等)

3. 遺囑信託內容訂立後,在遺囑人死亡前,信託財產仍屬委託人所有,委託人得自由處分自己的財產(死後的財產才稱為遺產)。只有在委託人死亡,遺囑執行人將信託財產移轉給受託人後,受託人才能取得信託財產之名義所有權,並依信託遺囑內載明之管理方式,管理信託財產(遺囑人得僅就部分遺產委託管理)。

4. 由於遺囑信託,是在被繼承人(也就是遺囑人,也是委託人)**死亡後,才開始**的信託行為,為確保遺囑內容和信託能夠確實被執行,通常在遺囑上有遺囑執行人的指定。如未指定遺囑執行人,也未委託他人指定者,就得由親屬會議選定之。

5. 若遺囑內有信託規劃的內容，遺產須交付信託管理，遺囑執行人就有將信託財產交付受託人之義務。如果遺產裡有部分財產遭人侵占、或者屬於遺產之不動產上有租賃紛爭或其他糾紛，或遺囑人（繼承人）生前有許多債權債務必須追索或解決等，都應由遺囑執行人先進行必要之處理，等遺產之法律爭議全部解決後，才將遺產指定之信託財產交由受託人管理。

遺囑信託處理步驟

1. 預立遺囑並指定遺囑執行人
2. 成立遺囑，需要公證
3. 成立遺囑信託（包含受託人同意書等）
4. 由遺囑保管人保管遺囑
5. 繼承事實發生時，交付遺囑給遺囑執行人
6. 由**遺囑執行人**至**國稅局編制財產清冊**及**繳納遺產稅**
7. **取得完稅證明**，交付信託財產給受託人（信託機構）
8. 依照遺囑內容執行信託
9. 依照遺囑內容交付受益人信託利益
10. 信託監察人監督受託人

Q.22 信託受益權可以繼承或拋棄嗎？

　　在信託契約中，最重視的其實是「受益人」的權益；而在信託契約中，受益人取得的利益叫做「受益權」，不是信託財產本身，而是受益人基於受益權，可依照信託契約向受託人請求執行或給付的權利。

⬤ 受益權的定義

（一）受益權可以拋棄、讓與和繼承

　　就信託契約之「受益權」，在法律上定性為「**財產權利**」，既然是財產權利，受益人便可以拋棄受益權，也可以將「受益權」讓與他人。受益人死亡時未領受的信託利益是可以繼承的，故當受益人死亡時，其未受領的受益權應併入「**遺產總額**」，課徵遺產稅。

（二）受益權可以成為強制執行的客體

1. 雖然依照《信託法》規定：「信託財產不得強制執行」，但信託契約受益人可取得的權益「受益權」，並不是信託財產本身，目前學說和司法實務認為在某些情形下是可以強制執行的 。

2. 在自益信託的情形下，由於受益人就是委託者本人，為避免委託人藉成立信託來迴避債務清償（也就是假信託真躲債），大部分學說和實務見解都認為：委託人之債權人仍得對受益權強制執行。

3. 至於在他益信託之情形下，因為必須兼顧委託人之意願，原則上若是委託人設立信託之目的在於避免受益人揮霍財產，或是提供受益人生活所必需之費用等，則應認為受益人之債權人不得對受益權進行強制執行。

（三）受益人之債權人面對受益人故意不行使受益權，債權人該怎麼辦？

由於受益權是具有財產權性質的權利，且可以轉讓，因此如果信託契約的受益人故意不行使受益權，導致債權人無法受償時，就可以依照《民法》第 242 條之規定行使代位權，即債權人可以代替受益人行使受益權，但行使之

後是在受益人名下，僅債權人可以依法聲請強制執行。

（四）若有「假信託真躲債」的情形，委託人之債權人該怎麼辦？

1. 在某些案件中，即或設計成「他益信託」，但若被質疑這是因為要躲避債務而成立的假信託，儘管受益人有受益權，但委託人的債權人權益仍需要被保障。

2. 就「假信託真躲債」來談，可從**「詐害債權」**、**「通謀虛偽」**角度觀察，通常有幾個標準：（1）信託財產的**實際管理者**是誰，（2）信託**成立的時間點**與**債權的時間點**，（3）當債權或強執名義成立後，委託人才將其財產設立信託，若此信託行為對於債權人之權利有害時，委託人之債權人得請求撤銷該信託行為。

3. 依《信託法》第 6 條規定：「信託行為有害於委託人之債權人權利者，債權人得聲請法院撤銷之。」也就是如果這個信託被認定為「虛偽的信託」，那麼委託人的債權人可以請求撤銷信託行為。

Q.23 越活越久就需要了解安養信託

　　越來越多高齡者擔心的不是「活得夠不夠久」，而是若越活越久，錢夠不夠過好日子等的問題：包含錢先給了孩子，萬一被棄養怎麼辦？萬一失智我的錢會不會被騙？誰能幫我管理財務等問題？……因此這幾年「安養信託」越來越夯。

　　安養信託，全名為「高齡者及身心障礙者財產信託」，目的是保護高齡者或身心障礙者財產而設計之信託產品。

🖋 安養信託的架構及產品內容

（一）安養信託之架構

1. 委託人：父母、年長者或障礙程度較輕微，具有行為能力之身心障礙者
2. 受託人：信託銀行
3. 受益人：若是自益信託則是委託人本人；若在他益信託

則是父母、子女或須照顧的身心障礙親友。

4.信託監察人：信任的親友或社會福利機構。

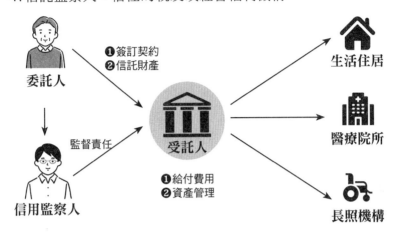

（二）安養信託之產品內容

1. 委託方式：委託人交付信託財產，可一次整筆存入或者
   分期存入。

2. 理財工具：由受託銀行依信託契約內容，將信託財產運
   用在不同的理財工具上，例如：**定期存款、國內外共同
   基金、債券**及**股票**等收益相對穩定且風險低的理財工具。

3. 支付方式：依信託契約，定期或不定期將信託收益給予
   受益人（自益信託的受益人就是委託人；他益信託的受
   益人就是子女、年邁親友或身障親友）。

4. 支付項目：作為生活費、醫療費、安養照護費用等。

（三）安養信託之優點

1. 由銀行擔任受託人，透過信託方式及各樣理財工具的運用機制，妥善規劃退休生活。
2. 避免財產遭不肖子女或他人覬覦侵占，甚至財產轉移後遭棄養。
3. 生活、醫療、安養機構、看護等費用支付由**銀行**把關，專款專用。
4. 選任信任親友或社福機構擔任信託監察人，監督信託事務之執行。

（四）適用對象

1. 希望及早規劃退休後生活所需資金者。
2. 希望身心障礙家屬毋庸擔心生活費用者。

（五）受託人之評估考量

　　至於要找哪個金融機構擔任受託人，可參考**信託公會**或**金管會**公布服務績優的機構名單，另外就以下幾點列入評估考量：

1. 各種費用不一（包含：除了開戶費用、管理費用外，還有解約金以及增修契約之費用）
2. 各家銀行接受財產種類以及承作門檻不同（包含年齡以

及最低金額）

3. 屬意或有規劃入住的照護機構是否有合作的銀行

✒ 安養信託常見的問題

1. 稅賦問題：若屬於他益信託，也就是安養信託的受益人不是委託人，這種信託被視為委託人贈與受益人，因此在契約簽訂時，須**申報課徵贈與稅**。

2. 由於安養信託大多會委託金融機構做資金的投資規劃，各樣投資都存有不確定之風險存在，因此訂約時，需要溝通清楚，千萬不要只聽到「保本」就以為沒有風險，事後再來後悔就晚了。

3. 信託契約消滅時，剩餘財產究竟該如何處理分配，也要在信託契約上載明清楚。

Q.24 愛孩子就要考慮子女保障信託

　　不少父母為了提前替子女安排資產規劃，考慮成立以子女為受益人的信託，也就是「子女保障信託」，用以避免銀行帳戶受到投資失敗或任意取用的風險。

✒ 子女保障信託架構

（一）子女保障信託之架構

1. 委託人：多為父母或長輩（他益信託），亦可以由孩子自己為委託人（自益信託）。
2. 受託人：金融機構。
3. 受益人：子女。
4. 信託監察人：信任之親友。

（二）子女保障信託之產品操作

1. 透過每年**定期**或**不定期**（例如：紅包或獎學金等）存入

信託專戶中，等累積到一定金額或在某個時間（例如：子女成年或大學畢業），再由信託銀行依照信託契約，將款項轉至子女帳戶內，以作為子女的教育基金、結婚基金或是創業基金等。

2. 對於有逐年贈與資產給子女規劃的父母，如果有不同目的的規劃（例如：教育基金、留學基金、創業基金等），也可以做多份不同的信託契約規劃，將資金存在不同的信託專戶，作為信託資金。

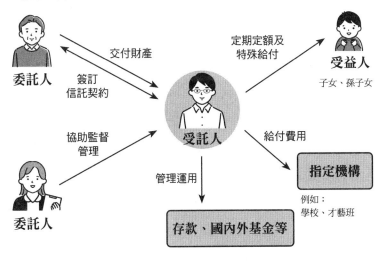

✒ 子女保障信託優點

1. 信託財產有**不能強制執行**的特性，除自益信託規劃外，可以避免因小孩闖禍，債權人強制執行名下受贈的財產。
2. 信託有**專款專用**的特性，可以避免小孩成年後，非目的使用把錢領出來揮霍的狀況。

✒ 子女保障信託之實務提醒

1. 當長輩親友要為孩子做此種信託，若簽約時受益人（子女）未成年，則需請法定代理人共同簽署，信託契約才能成立。
2. 若委託人身故後，受益人想要變更或終止信託契約時，也需經當初約定的信託監察人同意，如此一來，可有效防止監護人侵吞財產，也能避免子女任意揮霍信託財產。
3. 若是以「他益信託」方式信託，當每年贈與的金額**超過244萬元時**，多出的錢就必須繳納**贈與稅**。
4. 若父母已經採取逐年贈與模式，則可以採用子女自己名下的金錢成立「自益信託」，由父母擔任信託監察人。

Q.25 保險金信託讓保險保障受益人

這幾年財務傳承除了「保險」規劃外，又多了一個「保險金信託」的規劃。所謂的「保險金信託」是指由委託人（即保險受益人）與受託金融機構簽訂信託契約，約定當保險事故發生時，保險公司將信託財產（理賠金）交付予受託銀行，而受託人依信託契約（多以自益信託方式）管理、運用信託財產，並依約定方式將信託財產分配給保險受益人。

✒ 保險金信託架構

1. 委託人：保險受益人。
2. 受託人：金融機構。
3. 受益人：委託人本人。
4. 信託監察人：信任親友或社會福利機構。

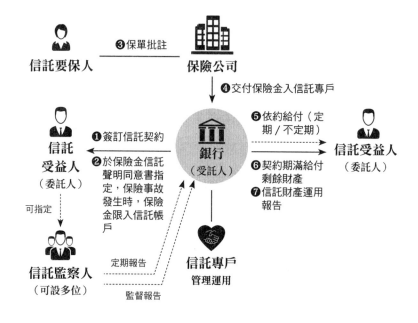

保險金信託之產品操作

1. 保險部分：要保人與保險公司簽訂保險契約及批註條款。

2. 信託部分：委託人（保險受益人）與信託業者簽訂信託契約。

3. 保險公司依批註條款之約定將保險金撥入信託專戶。

4. 信託生效之日：從保險金撥入信託帳戶之日起生效。

5. 依約定方式定期或不定期給付受益人

ⓐ 保險金信託特色

1. 保險是基於生命中某些風險的保障，而信託則是讓保險金真的能落實安全的保障。「保險金信託」就像是在保險外再加上一層保險「讓保險更加安全也更有保障！」

2. 為保障未成年子女為受益人之權益。在保險金信託契約中，可就提領金額約定為「定期提領」，且約定「不得變更或期前終止」，讓保險金落實對受益人確實保障。

3. 因為保險金信託和保單是獨立的契約，在保險事故未發生前，保單受益人預先和銀行簽署信託契約，約定資產的運用及給付原則。保險金信託的委託人是保險金的受益人，要向保險公司約定，批註保險金進信託專戶才算完成。

ⓐ 保險金信託 vs 保險金分期給付

由於近期保單設計有保險金可以約定分期給付，可以解決某程度保險金一次給付的風險，做這樣的約定不須受益人簽字，並且在保險金開始分期給付之前，要保人有權利隨時更改受益人，以及保險金的給付比例或年期。

既然有了保險金分期給付，那麼還需要有保險金信託

的方式嗎？

1. 若保單都是多年前所投保，當時約款多半不能做分期，只能走保險金信託。

2. 對給付方式有較多想法或想要保留某些彈性的話，唯有保險金信託才能做到。

3. 若希望保險金運用有人可監督，那麼信託監察人在保險金信託中是很重要的角色。

Q.26 萬一信託關係人死了該怎麼辦？

　　在信託規劃裡，大家很重視的是「萬一信託關係人死了該怎麼辦？」因此就針對信託契約關係裡「委託人」、「受託人」以及「受益人」死亡時，對於信託契約以及財產部分，整理說明如下：

⊛ 委託人死亡

一、依照《信託法》第八條，信託關係除契約另外約定外，不因委託人死亡而消滅。

　　1. **在他益信託情形**

　　由於信託契約不因委託人死亡而消滅，因此在他益信託之委託人死亡時，信託契約仍舊有效。

　　2. **在自益信託情形**

　　　　（1）自益信託之受益人就是委託人，因此當委託人於信託關係存續中死亡，全體繼承人得協議分割受益權，辦理信託內容變更登記該信託關係

終止，可由依分割協議取得全部信託利益之繼承人為之。

（2）成立自益信託後，登記在委託人名下的財產移轉記至受託人的名下，故在委託人死亡時，名下已無此項財產，但並非財產消失不用課徵遺產稅，僅是將「不動產」轉換為「受益權」。受益權就是信託利益，也是一種財產，應納入遺產課稅，故依《遺產及贈與稅法》第3條之2第2項規定：「信託關係存續中受益人死亡時，應就其享有信託利益之權利未領受部分，依本法規定課徵遺產稅。」故辦理繼承登記的標的不是信託財產，而是信託的「受益權」。

二、在他益信託情形內，委託人於信託關係存續期間內死亡，是否會被課徵遺產稅？

1. 委託人於他益信託關係成立後二年內死亡者，若受益人為屬《民法》第1138條規定之法定繼承人，因稅法認定該等贈與屬遺產，視同遺產課徵遺產稅之問題，其遺產稅之納稅義務人仍為委託人之繼承人。

2. 委託人於他益信託成立日起超過二年死亡者，此信託財產非屬視同遺產，此時則無遺產稅應申報與課徵之問題。

3. 受益人並非《民法》第 1138 條的法定繼承人，就算委託人在他益信託成立 2 年內死亡，信託財產非屬遺產。

⊚ 受託人死亡

一、依照《信託法》第八條，信託關係除契約另外約定外，不因受託人死亡而消滅。並依照《信託法》第十條規定，受託人死亡時，信託財產不屬於其遺產。

二、因信託財產具有獨立性，非屬受託人之自有財產，故於受託人死亡時，信託財產並非受託人之遺產，受託人之繼承人無法繼承取得信託財產之所有權。

三、受託人之任務因受託人死亡而終了，惟信託關係原則上並未消滅，應由委託人指定新受託人，依本《信託法》規定，受託人變更時，信託財產視為於原受託人任務終了時，移轉於新受託人。

⊚ 受益人死亡

就信託契約之受益人取得的利益叫做「受益權」，這是種財產權利。既然是財產權利，即受益人死亡時未領受

的信託利益可以繼承，故當受益人死亡時，其未受領的受益權，應併入「遺產總額」，課徵遺產稅。

Q.27 信託規劃下，債權人能強制執行財產嗎？

　　按《信託法》第 12 條第 1 項規定：「對信託財產不得強制執行。但基於信託前存在於該財產之權利、因處理信託事務所生之權利或其他法律另有規定者，不在此限。」依照該條規定，信託財產原則不得強制執行，如果有但書例外之情形，仍可以強制執行。

✎ 就信託關係的「委託人」的債務來看

一、若是在信託契約簽署前就發生的債務，在信託財產移轉至受託人前就**聲請執行**。

　　由於信託財產尚未移轉至受託人名下，還不算是「信託財產」，雖然信託契約成立，委託人之債權人就該財產仍得強制執行。

二、信託契約簽署前發生的債務且信託財產移轉至受託人後才要聲請執行。

　　由於信託財產已經轉移到受託人名下，依照《信託法》

第 12 條規定，原則上信託人的債權人不能就信託財產進行強制執行。但有以下三種狀況，可以執行：

1. 「**信託前存在於信託財產的權利，可以聲請強制執行**」：例如之前在信託財產（不動產）上的銀行貸款。

2. 「**因處理信託事務所生的權利，可以聲請強制執行**」：例如維修信託部動產積欠的費用。

3. 「**其他法律另有規定者，可以聲請強制執行**」：例如信託財產的地價稅。

三、若**在信託前**就已經在信託財產設立**抵押權**等擔保物權時，只要符合規定取得拍賣抵押物裁定，就可以對信託財產進行強制執行。

四、若在信託前就已存在之債權，卻並沒有在信託財產設定抵押權等擔保物權，這屬於普通債權，不得對信託財產進行強制執行。

五、如果被發現債務人（委託人）故意以信託的方式逃避強制執行，也就是此項信託會讓債權陷於清償不能、或困難或遲延之狀態，債權人得起訴撤銷信託行為。切記！這撤銷權從債權人**知有撤銷原因時起，一年間**不行使而消滅。若自行為（信託契約）時起**逾十年者**，也不能再撤銷了。

✒ 就信託關係的「受託人」的債務來看

　　由於信託財產本來就不是受託人的財產，除了因受託期間，為了受託財產產生的費用外，受託人的債權人不能就信託財產進行強制執行。

✒ 就信託關係的「委益人」的債務來看

1. 如果信託關係成立，但受益人尚未從信託裡獲得實際財產，此時受益人取得的是「信託的受益權」。信託受益權與信託財產係分屬不同之財產，故沒有所謂的不得執行的問題，因此就此債權人要強制執行的不是「信託財產」，而是「信託的受益權」

2. 如果受益人已經實際取得信託財產，也就是財產已經從受託人移轉到受益人，也算是一般財產，債權人也可以強制執行。這時是要強制執行這個財產本身。

Q.28 成立信託後，能否反悔撤銷、變更內容或終止契約？

　　由於信託契約，除了有委託人和受託人外，還有受益人，因此就信託契約而言，除了《信託法》有規定外，原則不能隨意撤銷或變更和終止契約。

信託契約訂定後，能否修改？

一、如果是「自益信託」，因為委託人與受益人為同一人，原則上**沒有影響受益人權益**的部分，於是可以變更信託契約內容。

二、如果是「他益信託」，委託人與受益人不是同一人，此時若變更**會影響受益人權益**，原則上是**不能變更**信託契約的，但有兩種例外：

　1. 委託人在信託契約裡就已經有「在某些情形下可以變更，那就可以變更」的保留規定。

　2. 就算委託人在契約裡沒有規定，但如果經過委託人和受益人同意變更，則可以變更。

3. 如果是信託財產的管理方法變更，可以經由委託人，受託人和受益人三方同意而變更。

4. 如果信託財產之管理方法因情事變更（也就是某些在當時簽訂信託契約時不存在也沒有預想到的狀況，後來發生影響權益的情形），導致不符合受益人之利益時，而委託人、受益人或受託人三方又無法有共識，任一方得聲請法院變更之。

✒ 信託契約訂定後，能否撤銷？

1. 原則上信託契約成立後，是不能隨意撤銷的。
   但如果受託人違反信託本旨去處分信託財產時，受益人可以向聲請法院撤銷其處分（也就是這處分不算數）。如果受益人有數人，由其中一人向法院聲請就可以。

2. 至於這撤銷權，必須在**自受益人知有撤銷原因時起，一年間**不行使而消滅。如果從受託人為此項處分時起超過十年沒有行使，就不得再行使撤銷權。
   而這項撤銷權的行使，只是針對受託人的特定處分行為，並不是就整個信託契約撤銷。

Ⓐ 信託契約訂定後，能否終止？

　　原則上信託契約成立後，是不能隨意終止的。

　　在「自益信託」中，委託人或其繼承人可以提前終止信託契約；如果屬於「他益信託」，除了信託契約有另行約定外，委託人與受益人可以共同終止信託契約；但如果委託人或其繼承人於不利於受託人之時期終止信託者，應負損害賠償責任。

Q.29 到底我要用哪種方式做財富傳承？

前面我們花了一些篇幅介紹信託，但因為一般信託都是金融機構承作，有些應付的費用需要支付，因此不少人詢問後仍舊觀望，甚至會問說，難道只有信託能讓我的財富傳承永保安康嗎？

就這問題，我們的回答是，任何傳承工具都沒有辦法保證永保安康，每種傳承工具都有其優點和缺點，建議了解後，針對你的性格以及財產種類，還有子女狀況，做通盤考量，甚至多方搭配。

僅就目前大部分的財富傳承工具「贈與」、「繼承」、「保險」、「信託」，它們的優缺點簡要整理，以供參考。

	贈與	繼承	保險	信託
優點	可利用每年贈與免稅額，逐年贈與，免繳遺產稅又可以達到傳承。	1. 財產都在父母名下，擁有實質掌控權。 2. 父母可利用遺產做某程度的規劃。	由於身故保險金不列入遺產，並且在一定額度內也不會向受益人課徵所得稅，目前實務上不少利用保險為子女預留稅源的規劃工具。	由於目前實務上信託產品越來越多元，且與遺囑和保險等結合，並且不少財產都能納入信託，越來越能滿足財富傳承上的需要。
缺點	1. 超過每年免稅額的贈與需繳納贈與稅。 2. 一旦財產轉移後，父母對財產就沒有掌控和運用權利。 3. 常發生子女揮霍或棄養等狀況。	1. 當繼承發生時，若沒有事先規劃，可能連繳遺產稅的現金都出問題。 2. 雖然可用遺囑規劃，但仍有特留分的規定。	國稅局採用的實質課稅原則，讓想利用保險作傳承規劃，在資金運用彈性空間受限。	1. 目前金融機構的信託服務各樣費用，對財富傳承者而言負擔重。 2. 由於信託的首要目的並非節稅，因此不少信託的規劃仍需要繳納稅負。

　　許多人可能會有「只有那些有錢人才需要做傳承規劃」的想法，但其實這是錯的！

　　我們在實務上時常看到的是一般百姓如你我一樣，卻因為財產太早過給孩子，或者遺產分配不均等，產生各樣家庭失和的問題。很多糾紛不是幾千或上億財產，而是一間房子、幾十萬或上百萬財產，所以無論你一生辛苦累積的財產有多少，提前準備好自己的傳承規劃，能為下一代解決許多煩惱，避免手足失和的狀況。

Q.30 用信託把錢藏起來可行嗎？

　　由於信託制度特色，就是信託人把財產移轉至受託人名下，所以在信託人的財產歸戶查詢時，可能會查詢不到；坊間就有人說可以利用信託來隱匿財產，躲避債權，甚至可以避免離婚時被剩餘財產分配。

　　其實這說法並非完全正確，理由如下：

一、信託財產是否可以完全不受強制執行部分，在 Q27 已經做部分說明，不再贅述。

二、若可以證明信託人遺產信託財產是為了侵害債權人的權利，依照《信託法》第 6 條第 1 項規定：「信託行為有害於委託人之債權人權利者，債權人得聲請法院撤銷之」。所謂「債務人所為之行為有害債權人之債權或權利」，係指減少債務人的一般財產，而致不能滿足清償債權人就算。並且只要債務人所為之信託行為有害於債權者，債權人即得聲請法院撤銷。不以委託人於行為時明知並受益人於受益時亦如其情事者為限，以保障委託人之債權人。

三、倘若信託人是在將受強制執行之際所做的信託，這很明顯是意圖損害債權人之債權。所謂的「債務人於將受強制執行之際」是指，債權人拿到執行名義，包含勝訴判決、和解筆錄、假扣押裁定等等都算，此時可能構成《刑法》第 356 條毀損債權罪，處二年以下有期徒刑、拘役或五百元以下罰金。

四、至於能否透過信託減少配偶將來可以分得的剩餘財產分配請求權呢？依照目前司法實務見解：

1. 在「自益信託」的情況下，依《信託法》第 63 條第 1 項規定，委託人可以隨時終止信託契約，並拿回自己的財產，因此登記自益信託的財產，應計入委託人的婚後財產，而必須列入夫妻剩餘財產分配範圍。

2. 在「他益信託」的情況下，委託人並非受益人，委託人因信託行為移轉財產權後，已非財產權之權利人，「委託人對所移轉之財產不再享有其利益」，對於他益信託之情形，信託財產委託人無法自由處分，於離婚時不會被認定為婚後財產，無法列入夫妻剩餘財產分配範圍。

　　依照目前司法實務見解，在「他益信託」情形下，

於離婚時可能不會被認定為婚後財產。但依照《民法》第
1030-3 條第 1 項規定：「夫或妻為減少他方對於剩餘財產
之分配，而於法定財產制關係消滅前五年內處分其婚後財
產者，應將該財產追加計算，視為現存之婚後財產。」因此，
如果可以證明對方是有惡意減少剩餘財產分配而為他益信
託之情形，仍有可能依法被追加計算，視為現存婚後財產
之可能。

　　由上述說明可知，信託的本質並不是為了隱匿財產，
損害債權人或配偶的權利，倘若在成立信託時就是存著脫
產的想法，這信託有可能會被撤銷，甚至可能有刑事詐害
債權，若剩餘財產分配計算時。可能會被追加計算喔！

Q.31 高齡金融不動產信託型態介紹

　　要贈與不動產給子女，又怕子女不孝，或亂處分不動產，其實可以把要規劃贈與給子女的房子，用信託方式處理：

✒ 用「自益信託」方式進行

　　若房屋已在子女名下，且孩子目前還有孝心和良心願意配合，可**以子女為**房屋的**委託人與受益人，父母為受託人**，也就是**用「自益信託」方式進行**，這時候因為房產移轉過戶到父母名下（信託財產），能全權管理處分房產，不用擔心孩子把房子偷偷變賣掉。原因：

1. 如果是一般的正常買賣，此時買方要**過戶前會調閱登記謄本**，若看到房產名字不是子女，且在信託專簿謄本中有註明：委託人已經失去自行出售（或處分）之權利，因此無法買賣過戶，基本上不會讓子女隻手遮天、私下變賣。

2. 如果是子女夥同外人要變賣房產，即或已簽署不動產買賣合約，仍舊無法私下過戶；並且父母得知後，還可以主張通謀虛偽意思，主張不動產買賣合約無效。

3. 辦理信託後，房子會被註記為信託財產，如果子女要用房子去辦貸款，銀行一看登記簿謄本，若註記房子是信託財產，銀行絕不願意借款。

4. 就不動產做自益信託規劃，因委託人和受益人是同一人（子女），在稅賦上的好處是，依照目前稅法相關規定，**不用繳贈與稅**。而受託人是父母，這時因為是委託人與受託人間移轉所有權，也可免徵土地增值稅。

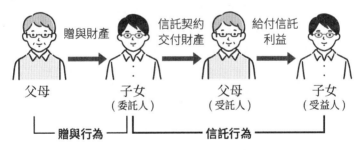

✒ 用「他益信託」方式進行

由於信託還有另一種「他益信託」，也就是不動產的信託，委託人是父母，受益人為子女，這樣設計的原因：

1. 有時是因為房產還在父母名下，有時是因為擔心子女在

外有債務等，不想要那麼快讓子女取得房產所有權，或者想要日後能有更多彈性處理的可能性，因此想要做他益信託的設計。

2. 但依照《遺產及贈與稅法》的規定，信託契約明定信託利益之全部或一部的受益人為非委託人者，視為委託人將享有信託利益之權利贈與該受益人，依本法規定，**課徵贈與稅**。也就是說，在他益型信託的規劃下，因為委託人是父母，受益人是子女，**受益人跟委託人不同人**，是要課徵贈與稅的。

3. 如果就「稅賦」和「防止子女私下變賣」，基本上以父母當受託人，子女為委託人的「自益信託」，信託契約也有載明信託目的包括出售（或處分）時，就可以達到讓子女無法私下處分房地不動產了。並且以「自益信託」的規劃，依照目前我國稅法，不用繳贈與稅和土地增值稅。

委託人　　　　受託人　　　　子女
（受益人）

Q.32 除了金融機構，我可以自己找人做信託規劃嗎？

　　因為這幾年政府不斷在宣導有關財務傳承和信託規劃的相關事宜，大家開始對於「信託」有越來越多的認識，但到了銀行詢問信託相關事宜後，得到的都是「信託要花好多錢！」「信託一定要找銀行辦嗎？」

　　「受託人」就是依照信託契約內容，為受益人的利益，執行管理運用信託財產等事宜；協助委託人達成財產管理目的，直到契約期滿或信託目的完成為止。

　　依《信託法》除了未成年人、受監護宣告或受輔助宣告之人及破產人以外，任何委託人所信賴的人，皆可以擔任受託人。

　　而信託可以分為「民事信託」和「營業信託」，以非信託業者擔任受託人之信託，一般稱為民事信託；營業信託指的是信託業者，目前由銀行、信用合作社或證券商兼營。

✒ 「民事信託」和「營業信託」的差別

1. 在法律遵循方面：營業信託除《信託法》外，還有《信託業法》及相關法令規範，法令規範較為嚴密。

2. 在監管機關方面：民事信託由法院監督（法院基本上不會主動行使監督機制，通常是有爭端時才啟動）；營業信託則由金融監督管理委員會及相關目的事業主管機關監督。

3. 在專業度及會計透明度方面：由於信託財產之管理，牽涉管理能力、法律、會計、投資及稅務等各項領域；營業信託不論是信託財產管理的專業度，或會計及財務透明度均較高。

✒ 是否一定要找「營業信託」呢？

1. 若是民事信託：一般都是由親友擔任受託人。若受益人或親友間沒有爭議便罷，若有爭議，有可能因為人情壓力，較難確實落實信託。

2. 只要是信託，就有財產移轉：也就是委託人的財產必須移轉至受託人名下，因此，委託人與受託人間得有極高度信賴關係。信託業者需盡善良管理人之注意義務、忠

實義務。若信託業違反《信託法》或《信託業法》相關規範，將受罰鍰或刑責之處罰，因此，透過信託業辦理信託將較有保障。

3. 信託業除同時受《信託法》及《信託業法》之相關規範之外，並需將信託財產、自有財產及其他委託人之信託財產分別管理及記帳。

就信託的「費用」和「整個財產」相較，在未發生事情前，大家覺得費用好高，但為了省費用，致使整個財產被不當移轉和侵吞，這風險是需要被評估和考量的。筆者身為律師，處理過諸多委託處理財產而侵占背信的糾紛，若是我個人的財產要信託，我會找專業的營業信託。

Q.33 以房養老，不讓自己窮得只剩下房

　　由於華人長期的理財方式多為現金存款、投資股票以及購買不動產，甚至有不少長輩立志當包租公，因此習慣把手邊的存款以「大富翁」方式儲蓄──即以不斷購買不動產當作累積財富的方式。然而不動產卻是變現比較不容易的模式，很多長輩在晚輩成長過程將手邊存款贈與子女做為求學或創業或成家，以至於手邊存款很少，晚年「窮得只剩下房子」，即手邊沒有足夠支應生活和醫療等的現金。

　　又不少長輩一生努力購買一間房子，但因為老屋區域、屋況以及稅賦等因素，要換屋基本上不見得順利，即或順利售屋變現，改租屋，現實面較為困難（不少房東看見長者要租屋多會拒絕），以上種種便有「以房養老」之規劃型態出現，能幫助長輩在晚年將不動產予以變現活化，以此讓其每月有穩定的現金流，讓長輩獲得有生活品質的晚年。

✒ 以房養老的定義

就是屋主（長輩）把名下房地產抵押給銀行，並由銀行分期按月支付長輩一定金額，作為屋主（長輩）生活或醫療或安養等費用。

特別的是，一般房貸貸款人需要按期償還本利，但這「逆向抵押貸款」，即貸款人不用每月償還本利，而是等貸款人離世或屆期，晚輩家屬可以選擇繼承房產償還貸款，或者由銀行將房屋拍賣，從售價扣除應繳貸款後，若有餘額，剩下的款項還可以分配給繼承人。

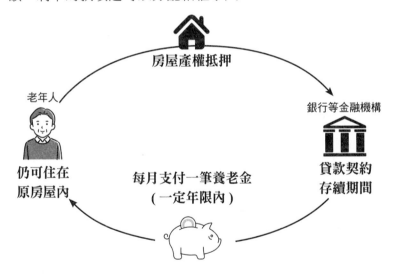

房屋產權抵押

老年人   銀行等金融機構

仍可住在   每月支付一筆養老金   貸款契約
原房屋內   （一定年限內）   存續期間

✒ 以房養老的優點

1. 不改變原居住環境

許多長輩對於改變環境非常抗拒，以房養老能讓自己在熟悉的房子中安享天年。

2. 不憂慮生活照護費

由銀行分期按月支付長輩一定金額，作為屋主（長輩）的生活照護費用。

3. 不擔憂活太久累贅

多數以房養老的產品，年齡最長規劃 30 年，以一般申辦者年齡 60 ～ 65 歲來說，養老金可以領到 90 ～ 95 歲，不用跟孩子伸手，讓自己活得有尊嚴。

✒ 以房養老的疑慮跟注意事項

1. 由於以房養老方案，會在房產上有高額抵押，此時晚輩繼承不動產時，可能面臨要償還貸款的壓力，此與子女就不動產繼承後之經濟利益預期可能有很大的落差，容易產生兩代間的衝突。

2. 由於以房養老是「逆向抵押貸款」，也就是跟一般房貸相反；一般房貸限期過後是每期還款金額越來越少，而

以房養老申請者，則是每期銀行支付的金額會逐期遞減。所以，長輩依然要做好財務規劃，以免等到後續金額變少時無法支付生活各樣費用。

3. 由於以房養老仍舊是貸款，因此**有貸款期限**，若長輩（借款者）壽命超過保障年齡，此時有可能面臨房屋被拍賣，自己卻無家可歸的狀況。

Q.34 留房養老，以租金收入安心養老

　　在過去有房產之長輩的養老方式，如果有數間不動產，就是把房子出租當包租公，靠收租過生活，但由於不少晚輩覬覦房產，或者長輩年紀越大，房屋可能有很多問題，造成管理上的麻煩，就此便有了「留房養老之安養信託」。

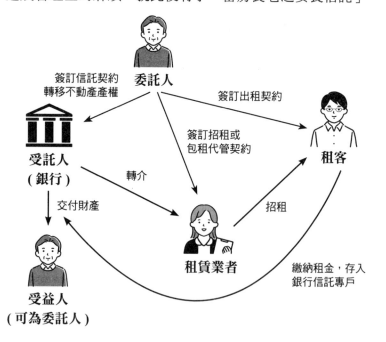

✒ 留房養老的定義

「留房養老」是安養信託的一種，做法是將長輩名下的不動產予以一條龍包租代管之信託服務，將長輩自己名下的房產信託交給信託金融機構，由機構或其合作單位代為出租管理以取得收益，並在扣除信託管理費之後，按月給付安養費用給受益人（長輩本人或其指定的受益人），因此又稱為「以租養老」。

✒ 留房養老的信託益處

1. 可避免房產遭不當挪用
2. 可省去租賃管理的繁瑣
3. 可落實房產能傳承後代
4. 可享有稅賦減免的優惠

✒ 留房養老的常見問題

1. 「留房養老」的資格限制為何？需要孩子同意才能申請嗎？
   由於房產在委託人名下，故無需得子女同意。目前銀行實務上，「留房養老」安養信託的委託人年齡限制為 55

歲以上。原則上只要委託人並未為監護或輔助宣告，就委託人和銀行簽立信託契約就可以。但仍建議跟家人討論溝通，避免不必要的爭執。

2. 辦理「留房養老」安養信託，要繳哪些費用？

目前實務上，銀行會收取的費用有「**信託作業費**」、「**信託管理費**」、「**修改費**」三種。至於代租管方面，由各合作單位依照契約收取管理及服務費用。

3. 不動產各樣稅款應該由誰繳納？

「留房養老」安養信託契約成立後，因為銀行是受託人，會成為不動產名義上的所有權人，此不動產上的房屋稅、地價稅名義上的納稅義務人就是受託銀行。但實務上，因為這些稅負都是基於信託財產而來，信託契約會約定相關稅費之最終負責人仍屬委託人，因此委託人必須預留稅款供銀行繳納。

4. 委託人過世，怎麼辦？

由於留房養老信託契約大多屬於**自益信託**，因此委託人（也就是受益人）過世後，信託契約即終止，但名下出租的房產，即使委託人過世、房子的產權轉移到繼承人名下，依照法律規定，原則上不影響原來租賃契約的效力，在租約期滿前，承租人仍有權使用房屋，繼承人不能隨意收回房屋。

Q.35 家族財富傳承簡介

在之前篇幅介紹的財富傳承工具，多半是個人傳承。但有家族及企業希望能永續經營及興旺，故有「家族傳承」。實務上家族財富傳承內容通常分為 4 大類：

1. **個人財富傳承**——個人名下資產包含動產（現金、股票、基金、珠寶、藝術品等）以及不動產（土地、房產等）。

2. **企業經營傳承**——藉由股權的分配將家族所屬之企業經營權予以傳承。

3. **人脈資源傳承**——即是長輩們在社會努力後累積的政商人脈資源的傳承。

4. **家族精神傳承**——長輩所秉持的價值觀和信念，希望下一代能持守和傳承。

但因每個家族的故事不同，擁有資產結構也不一樣，甚至成員間的關係親疏也有差異，實務上通常會有以下幾樣作為傳承工具：

1. **遺囑**——透過遺囑規劃，讓各樣資產傳承有架構性的規

劃,達到財富順利傳承。

2. **保險**——透過保險做好風險控管、資產保全和照顧受益人,也能預備資金繳納遺產稅。

3. **信託**——透過遺囑或保險金結合信託等,甚至將名下不動產也交付信託,達到資產永續經營。

4. **境外或境內信託**——以信託契約約定國內外的財產,統籌管理及分配資產。

5. **家族控股公司**——家族控股公司為全球各大企業最常運用的基本工具。

6. **閉鎖性公司**——此公司可限制股權轉讓,以達到安排經營權所屬的控股工具。

7. **基金會/公益信託**——成立基金會或公益信託,不只做公益樹立家族名聲,亦有某程度稅賦等優惠。

8. **家族憲法**——可作為家族傳承與成員間有紛爭時的上位解決機制及指標。

9. **成立家族辦公室**——主要從家族成員的需求與利益出發,提供財富傳承規劃到執行之一條龍服務,致力於協助企業跨代傳承財富與價值。

Q.36 淺談家族控股公司及閉鎖性公司

　　台灣係以中小型企業撐起一片天，而這些企業早期多屬於家族企業。家族企業想要轉型與傳承，通常會建議：**成立家族控股公司**以及**設立閉鎖性公司**，再結合家族信託，以達企業長青。

✒ 家族控股公司

　　所謂「家族控股公司」，指的是由家族成員擁有家族控股公司的股權，依公司法的規定運作及進行決策。控股公司則以法人身分擁有公司或其掌控的上市公司股權，並決定董事的派任。長輩因創業累積的不動產、資金或其他投資，可以放在控股公司名下，經由**持股**，由**子孫共同擁有**。

　　優點是**可以集中股權**，用控股公司間接持有家族企業股權，多一道防線。

　　缺點是**股份可任意處分**，導致外部股東介入；**代際繼**

承，股東越來越多或意見不同時，易有爭產紛爭。

2018 年新增《公司法》第 173-1 條規定：「繼續 3 個月以上持有已發行股份總數過半數股份之股東，得自行召集股東臨時會。」該條文賦予持股達一定期間之股東，有自行召集股東臨時會之權利，萬一其中有人與外人結合，很容易就可以跨越持股五成的門檻，並舉行股東會，尋求翻盤的機會，對家族企業的經營權投下變數。

◉ 閉鎖性公司

就此，「**閉鎖性公司**」或許是一個可選擇的解決方式；依照《公司法》定義，閉鎖性公司的股東人數**不超過 50 人**，且有股份轉讓限制之非公開發行公司。

1. 可以在公司章程上明定對股份轉讓的限制
2. 並以 50 人為股東人數上限
3. 可發行特別股
4. 可就股東的表決權作規範
5. 在一定比例內，得以勞務出資
6. 可發行無面額股票
7. 賦予公司可有多元籌資工具（得私募公司債、可轉債、附認股權公司債）

由上述特色可知，閉鎖型公司在股權流通及表決權分配上可以更有彈性運用，使閉鎖型公司較適合用來規劃家族企業之傳承，確保家族股權不致旁落他人。

　　家族企業所有的紛爭通常是因自家人不合開始，光用閉鎖公司並不能達永續傳承及經營，在現行法律架構下，建議以「閉鎖性股份有限公司」結合「家族信託」之模式，以家族財產設立閉鎖性股份有限公司，再以閉鎖性股份有限公司為委託人及受益人，設立自益信託管理家族財產之家族信託架構，除可防止閉鎖性股份有限公司資產被不當侵占外，並可監督閉鎖性公司董事會之指示合法性及程序正當性，達到維持家族企業子公司正常營運的目的。

Q.37 淺談公益信託

　　公益信託依照《信託法》規定，是指「以慈善、文化、學術、技藝、宗教、祭祀或其他以公共利益為目的之信託。」就受益人之不特定性與信託目的公共性，為公益信託之特性。

✒ 公益信託設立模式

　　公益信託的設立僅須由受託人向主管機關申請許可，不受應有一定規模以上創立基金（全國性基金會門檻 3000 萬，地方性基金會門檻 1000 萬）之限制，不必成立團體或登記法人（每年要開會員大會還有理事會等），故設立手續簡便。

　　就公益信託而言，有其稅賦減免：

1. **遺贈稅**：不計入贈予或遺產總額。
2. **所得稅**：若個人及營利事業成立或加入公益信託，於所得稅申報時可列舉「捐贈扣除」，但上限為**個**

人不超過綜合所得總額 20%，營利事業不超過營利所得 10% 為限。

✍ 公益信託架構

公益信託之架構包括一般之信託關係人（委託人、受託人、受益人、信託監察人），分述如下：

1. 委託人

也就是公益信託的捐贈人。依照《信託法》規定，公益信託之委託人僅得為監督公益信託事務之執行，不得由委託人任意保留信託關係的終止權或變更權。

2. 受託人

公益信託之受託人與一般信託的受託人相同，但因公共利益考量，故就受託人有特別之規定如下：

（1）公益信託之申請；依目的事業主管機關之命令，提供相當之擔保或為其他處置，以維護信託財產；

（2）非有正當理由，並經目的事業主管機關許可，不得辭任；

（3）信託關係消滅時，受託人須向目的事業主管機關申報。

3. 受益人

公益信託之受益人必須為不特定之多數人。

4. 信託監察人

（1）公益信託應設置信託監察人。

（2）公益信託之信託監察人得以自己的名義，為受益人
為有關信託之訴訟上或訴訟外之行為。

（3）公益信託之受益人得請求信託監察人為前項之行為。

⊛ 信託關係消滅時，但財產有剩餘應如何處理？

1. 公益信託關係消滅時，如信託契約有載明屆信託財產歸
屬特定人時，應歸屬於信託契約所定之人。

2. 如信託契約未訂有信託財產歸屬權利人時，依《信託法》
第 79 條之規定，目的事業主管機關得為類似之目的，使
信託關係存續，或使信託財產移轉於有類似目的之公益
法人或公益信託，也就是排除一般《信託法》上法定歸
屬權利之受益人、委託人或其繼承人。

chapter 03

我成為繼承人了，該怎麼辦？

Q.38 家人過世了，繼承手續該如何處理？

親人過世時，除了需要進行殯葬事宜之外，法律上關於身分之戶政、財產之遺產等相關手續也千萬要記得在時間內去辦理。但是相關手續那麼複雜，政府機關那麼多，到底該如何辦理呢？

用以下表格一次整理清楚：

步驟	機關	應備文件資料	說明
第一步：辦理死亡登記並申請除戶謄本	戶政事務所	1. 死者之死亡證明書 2. 死者之戶口名簿正本 3. 死者及其配偶之身分證 4. 配偶需換證之照片 5. 申請人之身分證、印章	第一步需要先去戶政辦理死亡登記之目的在於讓國家知悉這位國民已經去世，並一併辦理繼承人之戶籍謄本、印鑑證明等資料，方便後續辦理調查財產、辦理遺產登記等。
第二步：調查死者之財產、所得及兩年內贈與的情形	國稅局	1. 申請人之身分證 2. 死者之除戶謄本 3. 申請人與死者之關係（例如身分證、戶口名簿等）	需要先到國稅局查詢被繼承人的財產、所得，以及向國稅局請求申請調查「金融遺產」資料。

第三步：申報遺產稅	國稅局	1.遺產稅申報書 2.死者死亡證明資料 3.繼承系統表 4.全體繼承人戶籍謄本（或身分證等） 5.如有人拋棄繼承，應檢附法院准予核備之證明文件 6.遺產之相關證明文件	根據申報後不同之結果，國稅局會核發不同之文件： 1.遺產稅繳稅案件➡繳稅完畢➡核發「遺產稅繳清證明書」。 2.遺產稅免稅案件➡核發「遺產稅免稅證明書」。 3.不計入遺產總額部分➡核發「不計入遺產總額證明書」。 4.提出納稅保證案件➡核發「同意移轉證明書」。
第四步：確認有無積欠稅捐	地方稅捐稽徵機關	1.上個步驟所取得之遺產稅繳清證明書或是遺產稅免稅證明書等資料 2.若要辦分割繼承，要攜帶遺產分割協議書正本	可跨縣市至任一地方稅稽徵機關查詢，並加蓋地方稅稽徵機關承辦人員查欠章。
第五步：辦理登記	地政事務所	1.土地登記申請書 2.登記清冊 3.繼承系統表 4.土地、建物所有權狀正本 5.被繼承人除戶謄本正本及全體繼承人現戶戶籍謄本正本	繼承登記大致可以分成「一般繼承登記」、「公同共有繼承登記」、「分割繼承登記」、「遺囑繼承登記」等四類。

		6. 遺產稅繳清證明書（或免稅證明書或不計入遺產總額證明書或同意移轉證明書）正本及影本各1份	
		7. 申請人身分證正本、印章（如委託他人則免附）	
		8. 辦理分割繼承者，應另檢附全體繼承人之印鑑證明正本及遺產分割協議書正、影本各1份（需完納印花稅）	
		9. 繼承人有拋棄繼承情形者，需檢附法院准予備查之繼承權拋棄文件正、影本各1份	

Q.39 遺產稅介紹

　　親人過世得進行辦理的其中一項手續，即為申報並繳納遺產稅，根據《遺產及贈與稅法》（以下稱遺產法）第 8 條，在**繳清遺產稅前**是不能辦理分割遺產等後續手續的！然而究竟何人該繳納遺產稅？遺產稅是如何計算的？這篇一次整理給大家。

⬡ 誰該繳納遺產稅？

1. 根據《遺產法》第 6 條 1 項，如果有遺囑執行人，那麼遺囑執行人應繳納遺產；若無，則以繼承人及受遺贈人為繳納遺產稅的義務人。

2. 原則上遺產稅是要由**全體繼承人**共同分擔繳納遺產稅的義務，而非由按應繼分比例分擔。

3. 如果其中有繼承人不願分攤，或是對於繼承比例有意見時，繼承人可以向國稅局申請按法定應繼分繳納部分遺產稅，繳納後申請核發「公同共有同意移轉證明書」，據以

向地政機關辦理不動產的共同共有繼承登記，以避免遭罰。

遺產稅計算方式

根據《遺產法》第 16 條至第 18 條，有許多不計入遺產總額或是遺產稅的扣除額或是免稅額，因此在計算遺產稅時，得先確定扣除後的遺產總額為何：根據財政部 111 年公布之最新關於免稅額、扣除額的金額如下：

	免稅額	新台幣（下同）1,333 萬元。
遺產稅	不計入遺產總額	被繼承人日常生活必需之器具及用具：89 萬元以下部分
		被繼承人職業上之工具：50 萬元以下部分
	扣除額	配偶扣除額：493 萬元
		直系血親卑親屬扣除額：每人 50 萬元。其有未成年者，並得按其年齡距屆滿成年之年數，每年加扣 50 萬元
		父母扣除額：每人 123 萬元
		重度以上身心障礙特別扣除額：每人 618 萬元
		受被繼承人扶養之兄弟姊妹、祖父母扣除額：每人 50 萬元。兄弟姊妹中有未成年者，並得按其年齡距屆滿成年之年數，每年加扣 50 萬元
		喪葬費扣除額：123 萬元

⬦ 遺產稅計算

「例如」父親過世，留有母親和兩名子女，此時：

1. 先計算各樣扣除額：遺產的免稅額 1,333 萬元，配偶扣除額 493 萬元、兩名兒女扣除額每人 50 萬元，共 100 萬元，也就是在本件遺產可主張的各樣免稅及扣除額，總計為 1,926 萬元，也就是遺產在 1926 萬內無需繳納任何遺產稅！

2. 如果本件有喪葬費或被繼承人有年邁父母等，都還可以再加入計算，但舉例為求精簡就省略不計。

3. 如果被繼承人的財產很多，經過上述計算後還有遺產淨額，根據《遺產法》第 13 條，遺產稅係用**課稅級距**之方式來課稅：（1）遺產淨額 5,000 萬元以下者，課徵 10%；（2）超過 5,000 萬元至 1 億元者，課徵 500 萬元，加超過 5,000 萬元部分之 15%。（3）超過 1 億元者，課徵 1,250 萬元，加超過 1 億元部分之 20%。

Q.40 還沒繼承就要繳好多稅，有無合法的節稅方式？

不少人表示，遺產繼承，尤其是不動產，還沒有真正承受遺產就要繳好多稅。倘若要繳納的遺產稅實在很多，到底有沒有合法的節稅方式呢？以下提供幾種方式：

🖋️ 利用逐年贈與

過世者生前利用**逐年贈與**的方式，慢慢將自己的財產分給子女：

1. 民國 111 年，我國每年每人贈與的免稅額為 244 萬元，也就是說，每年贈與給子女在 244 萬元以下者，是不會被課徵任何贈與稅的。因此，當長輩想要把財產過戶給子女，又怕百年以後會被課徵高額遺產稅，卻不想繳交贈與稅的話，可以按年度慢慢將財產移轉給希望贈與自己財產留的人，不但可以依從自己的意願分配財產，亦可減少往後子女爭產的爭議；每年慢慢移轉，相對之下更是比較無痛的財產分配。

2. 然而需要注意《遺產法》第15條，在兩年內贈與的遺產，通通會被納入計算遺產總額之中，因此慢慢移轉財產的方法為，需要儘早以及趁身體仍健康時便開始規劃，避免白忙一場。

⦿ 利用附有負擔的贈與

1. 根據《遺產法》第21條，贈與附有負擔者，由受贈人負擔部分應自贈與額中扣除。

2. **所謂附有負擔的贈與指的是贈與契約附有約款，使受贈人負擔應為一定給付之債務者而言。**例如：父親將房屋贈與給兒子，但兒子需要承接上面的貸款。

3. 如果此負擔具有財產價值且能夠履行，亦不是向第三人為給付，就可以扣除該負擔（例如：貸款）不計入遺產中。

⦿ 利用保險

《保險法》第112條規定，如果保險契約有約定：於被保險人死亡時，給付給其所指定之受益人者，則保險金就不會計入遺產中，因此也可以透過購買保險並指定受益人之方式，來達到減少遺產、節稅之目的。

⟨筆⟩ 以夫妻關係消滅的「剩餘財產分配請求權」

所謂剩餘財產分配請求權，簡言之就是當夫妻一方過世時，夫妻間的法定財產制消滅，存活的那方如果是財產較少的一方，可以在計算遺產前，先向過世的另一半主張分配其剩餘財產。如此一來，既然過世者的財產先分配了部分給配偶作為剩餘財產，其所遺留的遺產金額自然就會減少，進而達到減少被課徵遺產稅的目的。

由於相關稅法條文時常在修正，並且國稅局就以上各樣目前覺得可行的合法節稅方式，可能會在不同時間有不同解釋，建議在生前要做規劃，一定要詢問熟悉該領域之專業人士，依照當時的法條規定，給予最適切的建議。

Q.41 遺產稅太多錢繳不起,怎麼辦?

　　根據《遺產及贈與稅法》規定,納稅義務人收到遺產稅核定的納稅通知書後,必須在「**2個月內**」繳清稅款,並且應以「**現金**」繳納為原則。但不少遺產繼承物的內容不是現金或股票,而是一堆林地、農地或房子,這些並不好立刻變現,且不是每個繼承人都有餘錢可以繳納高額遺產稅等,那該怎麼辦?

　　由於遺產稅是由全體繼承人連帶清償責任,而不是誰分到房子誰就得去繳,也不是只負擔依照應繼分(幾分之幾)的負擔額,如逾繳納期限未繳納,亦會依法加徵滯納金及滯納利息,並將全體繼承人移送行政執行,誰名下有財產誰就最容易被執行,就此要先說明。

◎ 先申請展延期限

　　如果遇到遺產稅額太多無力支付或者繼承人間還沒有達成共識,有必要延期,可以**書面向國稅局**申請延展期限,

最多期限**以兩個月為限**。

✒️ 申請分期繳納

如果已延期兩個月，仍因為稅額龐大無法繳納（應繳稅額超過 30 萬元，並且確實有困難在期限內一次支付），此時可以向稽徵單位申請分期繳納，總共**最多可分 18 期**，每期不能超過 2 個月，也就是**最多 3 年內**（36 期）要繳完。

✒️ 以被繼承人存款繳納遺產稅

稅款繳納應**以現金為原則**，如果被繼承人之遺產留有存款，繼承人若能取得「遺產稅同意移轉證明書」，自應優先用以繳納遺產稅。

1. 「遺產稅同意移轉證明書」：繼承人可以任意決定提領金額，但移轉金額不能大於「應稅金額」。
2. 「遺產稅同意移轉證明書」必須符合以下兩條件之一：「繼承人過半數及其應繼分合計過半數同意」或「繼承人應繼分合計超過三分之二同意」。
3. 如果繼承人間因故無法取得全體繼承人的同意以遺產之存款繳納，可依上述規定，按多數決方式申請以繼承之

存款繳納遺產稅，以避免逾期繳納稅款而須額外負擔加徵之滯納金及滯納利息。

✒ 申請實物抵繳

　　根據《遺產及贈與稅法》第 30 條第 2 項規定，遺產稅或贈與稅應納稅額在 **30 萬元以上**，且納稅義務人確有困難不能一次繳納現金時，才可以申請實物抵繳。

1. 至於能否以實物抵繳並非以繼承人的所得狀況來判斷，而是以被繼承人是否留下現金或銀行存款，不足的部分才得准予以實物抵繳（即遺產扣除現金、銀行存款及其他同等現金之項目仍不足才能申請）。

2. 實物抵繳部分，不是什麼都可以抵，例如：土地抵繳有一定比例限制，因為過去有不少人以沒用公共保留用地來抵繳遺產稅，導致政府拍賣不出去，無法進帳國庫。

3. 申請實物抵繳遺產稅，不用全部繼承人同意，如果抵繳的財產為繼承人共同持有的遺產，而且遺產是被繼承人單獨所有，只要過半數的繼承人同意，且這些繼承人的**應繼分**合計**超過半數**，或者繼承人的應繼分合計超過三分之二同意，就可以提出申請。

Q.42 繼承人分配喬不攏，大家不肯簽名該怎麼辦？

　　不少親人過世，大夥在遺產有多少和遺產該怎樣分這些問題上，可能還沒舉行告別式就已經吵翻天了，甚至一甲子的恩怨情仇在此時全部爆開，所以要順利如期辦遺產申報或繼承登記，根本不可能，那該怎麼辦呢？

一、無論如何，納稅義務人在「6個月」內辦理遺產申報：

　　1. 遺產申報不用全體繼承人，只要繼承人其中一人就可以。

　　2. 遺產申報還不用繳納遺產稅，且遺產稅是全體繼承人都要負擔的，因此不用怕是不是申報的人就要扛全部責任。

　　3. 辦理遺產申報期限是「6個月」，是指自死亡之日起 6 個月內辦理遺產稅申報，如果有正當理由不能如期申報的時候，應該在法定申報期限內，以**書面**申請延期申報，**延長期限以「3個月」**為限；若還是無法在延長期限內申報時，可向稽徵機關詳述原

因，由機關決定是否再次延長期限。

4. 如果繼承人中有拋棄繼承（拋棄繼承三個月內要做）：

（1）由同一順序、其他沒有拋棄繼承的繼承人申報，如果同一順序的繼承人全部拋棄繼承權的話，則由次一順序的繼承人申報。

（2）各順序的繼承人全部拋棄繼承權的時候，則由配偶申報。

（3）如果繼承人全部拋棄繼承權或繼承人不明的時候，要由依法選定的遺產管理人申報。

二、不只要申報遺產稅，更要**辦理繼承登記**：

1. 繼承人應自被繼承人**死亡之日起 6 個月內**向地政事務所申請繼承登記。

2. 辦理遺產登記前，**應先向被繼承人戶籍所在地的國稅局申報遺產稅**，然後繳清稅款後再去辦理繼承登記（不動產）。

3. 就不動產部分，如果大家對於房產處置有不一樣的想法，可先辦理「**公同共有**」登記，否則依照《土地法》規定，超過六個月沒有辦理登記，處罰的金額其實不少；甚至若一直不去登記，縣市政府會公告，期限過後便會代管，超過代管時間，土地就會

變成國有，然後國家可拍賣土地充公。

4. 辦理繼承登記，步驟如下：

（1）取得遺產稅繳納（免稅）或同意移轉證明書。

（2）至不動產所在稅捐稽徵機關**加蓋**無欠繳稅費章戳。

（3）檢附相關文件向不動產所在之地政事務所申辦。

三、辦理完繼承登記之後，就可以開始進入分割和分配遺產程序：

1. 如果大家對遺產如何分配有共識（可能是因為有遺囑），則可以依照遺囑或者全體繼承人都簽名的協議來進行。

2. 如果大家仍舊對遺產如何分割和分配意見不一致，就可以向**法院**請求遺產分割。

Q.43 不動產繼承和遺產分割如何辦理？

　　不少遺產糾紛案件不只是被繼承人生前沒有交代清楚；就算有交代，仍舊可能覺得不公平，而不願意配合辦理遺產繼承或遺產分配，難道遺產就要這樣一直放著嗎？當然不是。

⟡ 「公同共有」VS.「分別共有」

　　不少人已做遺產申報，交了遺產稅，土地也辦理遺產登記，看到自己的名字有在上面，但後來想要去辦理抵押等發現居然不行，這是為什麼呢？因為這是「公同共有」不是「分別共有」，究竟這兩個共有，差別在哪？

1. 一般在全體繼承人還**沒有辦法達成分割協議**之時，不動產做的共有登記就是「**公同共有**」登記，只有**取得**全體繼承人的**分割協議**，才能辦理「**分別共有**」登記。

2. 「公同共有」和「分別共有」在法律和稅負上很不一樣的概念，白話來說就是，雖然在謄本上都有幾分之幾的

記載；但「公同共有」時，大家都還是「一體」，任何一個共有人要做任何安排，都要得所有的權利人同意才可以，因此不能就持份各自處分，並且就房屋稅和地價稅的「全部」都有連帶給付的義務。

3. 只有從「公同共有」變成「分別共有」時，每個繼承人就房子或土地在「幾分之幾」的持份下，有屬於自己的應有部分；在「分別共有」時，可以就自己的持份處分，且稅負只對自己「持份」幾分之幾有給付的義務。

🖊 既然「公同共有」有這麼多牽扯，要如何讓共有清清楚楚呢？

1. 如果大家仍舊可以好好談，此時可以先協談完，然後依照協議去辦理分別共有。通常有幾種處理方式：「大家就依照應繼份額做分別共有登記」或是若覺得不想要有太多牽扯便「以市價將持份出售給其他共有人」，但此前提要是大家願意辦理分別共有。

2. 倘若大家對於繼承的不動產多數沒有想要承受的意願，那麼可以在大家有共識願意「分別共有」登記前提下，多數決後合法賣給他人，平分價金，但需注意的是「共有人的優先承購權」，依《土地法》第 34 條之 1 第 4 項

規定：「共有人出賣其應有部分時，他共有人得以同一價格共同或單獨優先承購。」

3. 倘若大家真的怎樣都喬不攏，只好透過法律訴訟「**裁判分割**」來處理。實務上的判決，通常的分割方法有「**原物分配**」、「**原物分配兼金錢補償**」及「**變價分配**」等3種。

　　最後遺產登記要從「公同共有」到「分別共有」，不能就所有遺產中的某些品項（例如：現金或黃金條塊等）分別共有，其他品項（例如：股票或不動產）仍舊維持公同共有，需要**全部一起處理**，等變成分別共有之後，就可以做個別處理，讓所有紛爭一次全部解決。

Q.44 遺囑要怎麼執行？

　　基本上遺囑在被繼承人去世後就開始發生效力，由誰來執行這遺囑的各樣事項呢？就是由「遺囑執行人」來實踐遺囑。

✒ 遺囑執行人之產生

　　根據《民法》第 1209 條及 1211 條，遺囑執行人應按以下順序產生：

1. 由遺囑人於遺囑指定或是委託他人指定。
2. 若遺囑人未指定亦未委託，則交由親屬會議選定。
3. 若親屬會議無法選定，得由利害關係人（如繼承人、受遺贈人等）聲請法院指定之。

✒ 誰可以擔任遺囑執行人？

1. 根據《民法》第 1210 條，僅有未成年人、受監護宣告或

輔助宣告之人，不得擔任遺囑執行人。因此「繼承人」可以擔任遺囑執行人，且倘若遺囑人認為繼承人擔任遺囑執行人為妥適，基於尊重遺囑人之意願，不應否定繼承人擔任遺囑執行人之資格。

2. 但因若由繼承人擔任遺囑執行人，常會因為利害衝突而生爭議。故仍是以**律師、代書等專業並中立之第三人擔任**遺囑執行人較為妥適。

✒ 遺囑執行人能做什麼？

1. 遺囑執行人是貫徹立遺囑人之想法、使遺囑能夠完整實踐的重要角色，其職務包含編制遺產清冊、管理遺產，甚至可以為「執行上必要行為之職務」，亦即可以請求占有遺產之人返還遺產，或將遺贈物交予受遺贈人等，因此，選任能避免紛爭的遺囑執行人至關重要。

2. 為避免遺囑執行人專斷，也可以藉由選任多位遺囑執行人，使其透過「**過半數決**」之方式來執行職務，以避免爭議發生。

✒ 遺囑執行人可以有報酬嗎？該如何給？給多少？

根據《民法》1211 條之 1，遺囑執行人得請求相當之報酬。但「相當」究竟為多少並不一定，需個案考量遺產之數額、管理事務之複雜度、繼承人和受遺贈人等人數多寡而定；法院在審酌報酬時，會參酌律師公會章程所定之民事案件酬金標準、法扶基金會酬金計付辦法、地政士執行業務收費表等綜合判斷之。

而遺囑執行人之報酬，因具有共益性質，應認屬《民法》第 1150 條所稱之遺產管理費用，因此遺囑執行人之報酬，應由遺產支付之。又根據上面之實務判決，遺囑執行人屬於委任之性質，因此應適用《民法》第 548 條關於委任之「**報酬後付**」原則，亦即要在遺囑執行人全數處理完畢遺囑相關事宜並明確報告後，始可請求給付報酬。

Q.45 為什麼我要拋棄繼承？

時常接到女性當事人詢問，「我媽或我哥要求我和姊姊拋棄繼承，我一定要遵守嗎？」在此要重申，依照我國《民法》規定，女性和男性擁有相同的繼承權，女性繼承人沒有拋棄繼承的義務！

也有不少是在爸爸重病時，媽媽和哥哥就拿出已經打好的文件，要求姊妹們拋棄繼承。我提醒大家，在**被繼承人死亡前**所簽署的拋棄繼承文件，基本上都無效，因為當時你只是一個繼承人的身分，根本還沒有繼承的權利，沒有權利就沒有可以拋棄的標的。

✒ 誰有權辦理拋棄繼承？

至於到底誰可辦理拋棄繼承？必須先了解**繼承的順位**，也就是誰有優先繼承的位置。

1. 根據《民法》第 1138 與 1144 條，配偶之間有相互繼承遺產的權利，是「當然繼承人」。如果此時被繼承人婚

後財產多於在世的配偶，那麼就遺留的財產扣除夫妻之間的剩餘財產分配後，其餘財產由配偶與繼承人按比例分配，若配偶不在世，由同一順位繼承人平均分配所有財產。

2. 繼承順位與分配方法如下：

（1）第一順位：**直系血親卑親屬**，包含被繼承人子女、養子女、非婚生子女、孫子女，以親等近者為先。**配偶**與第一順位共同均分。

（2）第二順位：**被繼承人父母**（若被繼承人是被收養的，且過世時收養關係還在，養父母就是第二順位）。配偶先得財產的一半，另一半平均分給第二順位繼承人。

（3）第三順位：被繼承人**兄弟姊妹**，含同父同母、同父異母、同母異父、領養的兄弟姊妹。財產分配與第二順位相同。

（4）第四順位：被繼承人**祖父母**，包括外祖父母。若被繼承人是被收養者，則為養父母的父母。**配偶**先得財產的 2 ／ 3，剩餘平均分配給第四順位繼承人。

（5）若第一到第四順位都沒有繼承人，所有財產由配偶獨得。

依照上述規定，並不是排在順位上就能獲得財產，若前順位繼承人還在，且沒有拋棄繼承，就輪不到後一順位！通常如果被繼承人留下的財產大於負債，則後順位的人多半難以繼承到財產；但若遺留的負債大於財產，要拋棄繼承，則很可能所有順位都會輪一次。

　　也時常有人問說，當時因為爸媽說所有兄弟姐妹都已拋棄，想要把財產權只留給爸爸或媽媽，因為相信所以才配合辦理拋棄繼承，但後來發現被騙，只有女生做拋棄繼承，或者是被誤導以為債務大於資產而拋棄繼承，甚至可能是在被恐嚇脅迫下不得已拋棄，此時如果有證據證明你是被騙或被脅迫，此拋棄繼承的意思表示有瑕疵（如因為被詐欺、脅迫，或意思表示錯誤的情況下），可在意思表示後一年內主張撤銷拋棄繼承的意思表示，向法院提出訴訟，確認繼承權存在，才能回復繼承的法律上地位。

Q.46 怎麼一直有被繼承人的債權人跑出來跟繼承人要錢!?（遺產清冊）

　　我國已經改為「**全面限定繼承主義**」，也就是《民法》第 1148 條第 2 項規定的，繼承人對於被繼承人所留有的債務，以因繼承所得的遺產為限，負清償責任。

　　雖說無需繼承人辦理任何手續就全面採行限定繼承，然而倘若被繼承人確實留有龐大債務，甚至債主都已經找上門來了，繼承人該怎麼辦呢？倘若什麼手續都沒有辦理，繼承人對於上門討債的債主又該怎麼辦？

　　根據《民法》第 1156 條，繼承人原則上應該在知悉得繼承起**三個月內**開具遺產清冊陳報法院；如果未開具遺產清冊，根據《民法》第 1162 條之 1、第 1162 條之 2，之後若有被繼承人的債權人跑出來請求，還是需要**按照比例計算**賠給債權人。

　　如果繼承所得的金額不夠賠的話，甚至需要用自己的財產來清償，且上述規定只有在繼承人為**無行為能力**或**限制行為能力人**時，始不適用（因此我國雖稱全面限定繼承主義，但其實只有針對未成年的繼承人有達到完全之保

障）。因此，陳報遺產清冊相當重要。

陳報遺產清冊的手續，在為**知悉繼承起三個月內**（可以聲請延長），撰寫**家事陳報狀**；陳報遺產清冊到**被繼承人**所在地之地方法院，除遺產清冊外，並需一併附上**繼承人戶籍謄本**及被繼承人**除戶謄本**、陳報人**印鑑證明**、全體**繼承人名冊**及**繼承系統表**給法院。

此外，遺產清冊也需要詳實填載，不是說有提供就一定可以享有限定繼承的好處！根據《民法》第 1163 條，如果繼承人有隱匿遺產、遺產清冊虛偽不實，或是基於詐害被繼承人的債權人而處分遺產，就不再享有限定繼承之優惠！例如上述實務判決中的判決，因為繼承人知悉被繼承人確實欠中信銀行錢，卻還是惡意將被繼承人的不動產出售，此時法院便根據中信的主張，判決這位繼承人不得再享有限定繼承之優惠。

再者，在陳報遺產清冊、債權人陳報債權期間，千萬不能因為債主登門要求還債，就恣意還錢，因為在債權人陳報債權期間，依據《民法》第 1158 條規定，繼承人不得對任何債權人還債，否則根據第 1161 條，對於其他受到排擠損害的債權人，繼承人需要負賠償責任！

總歸來說，當家中有人過世時，無論是否知悉過世者在外有無欠債，都還是陳報遺產清冊為妙，以避免發生需要

用自己財產來還錢的憾事。在陳報期間，也千萬不要任意還錢，對於被繼承人的遺產也不要任意處分變賣，是最能確保自身權益的方式喔！

Q.47 如何辦理拋棄繼承？

時常遇到當事人說，「我爸很早就離開我們，現在他去世，一堆債權人都找上門，我要辦拋棄繼承」。

所謂拋棄繼承，從字面上來看就是拋棄身為繼承人的身分和權利。依《民法》第 1174 條規定，欲辦理拋棄繼承者，應於知悉得繼承時起 3 個月內，以書面向被繼承人住所地之法院提出聲請，同時要以書面通知因自己拋棄繼承而成為繼承人者（不能通知者，不在此限）。

拋棄繼承如何申請？

一、拋棄繼承是繼承人向被繼承人戶籍地之管轄法院，以書面方式聲請，需要檢附之文件，包含：

1. 被繼承人（即死者）的「死亡證明書」或被繼承人的「除戶戶籍謄本」。

2. 拋棄繼承者的戶籍謄本、印鑑證明與印鑑章。

3. 以書面通知因拋棄而成為應繼承之人（通常是**以存**

證信函方式，最好把**回執聯**也附上）。

4.繼承系統表。

二、如果是配偶、小孩，還有孫子們都要拋棄繼承，有些法院可以接受所有繼承人共同寫一份聲請狀，但有些法院則會要求每個繼承人個別寫一份，包含書面通知也要個別通知，因此會建議到被繼承人戶籍所在地的法院詢問清楚。

三、有人問說，對於離家出走很久的親友，可不可以事先就拋棄繼承，免得麻煩？答案是不可以，因為拋棄繼承是**從你取得繼承權那時**才能拋棄，就配偶和第一順位的子女而言，就是長輩死亡的那時才能拋棄。而第二順位，則是在**第一順位全拋棄繼承**，你才有繼承權，此時也才能拋棄繼承。

⬧ 拋棄繼承的時效從何時開始起算？

至於拋棄繼承的時效是「**從知悉得繼承**」之日開始起算。

1. 如果跟繼承人完全沒聯絡，可能也不知道他何時死亡，這時就要能證明你**何時知悉**（例如：被社工或警察通知，或者後婚子女將訃聞寄送告知時），拋棄繼承聲請書就

要檢附這證據，以證明在時效內聲請。

2. 而後順位者，就是從接獲先順位拋棄繼承的書面通知後，拋棄繼承聲請時也要將拋棄繼承書面通知附上。

◎ 拋棄繼承須注意事項

一、拋棄繼承後，若部分權利不是因為繼承人身分，而是因為某些法律身分（如配偶或子女），例如：犯罪被害補償金的遺屬補償金請求權，或因汽車交通事故死亡的保險給付請求權，或特別補償基金補償請求權，或勞工因職業災害而致死亡的喪葬費與遺屬補償金，即使拋棄繼承後，仍可行使權利。

二、很多人以為只要拋棄繼承，跟被繼承人有牽扯的債務就可以不用負擔，如果是單純被繼承人在外積欠的債務，的確可以因拋棄繼承而不用負擔，但如果這是之前與被繼承人一起借款或者擔保人（例如之前夫妻聯保），此時你需要負擔是基於共同借款人身分或擔保人身分，不會因為拋棄繼承而免責。

Q.48 辦理遺產有限時嗎？
若沒在期限內處理該怎麼辦？

　　繼承之所以複雜，在於處理繁瑣喪事之餘，還需要所有繼承人們坐下來好好談清楚遺產的處理情形，同時得開始辦理一堆手續，加上這些手續還有時效規定，要求我們得在一定時間內辦理！種種事務把繼承人們搞得頭昏腦脹，這篇就把與繼承相關所有的時效規定整理給大家！

申報遺產稅（6 個月內辦理）

1. 根據《遺產及贈與稅法》第 23 條，繼承人必須在被繼承人過世後六個月內申報遺產稅，如果逾期未申報，有可能會被額外開罰應納稅額二倍以下之罰鍰！
2. 如果遇到繼承人間彼此對於遺產稅繳納無法達成共識時，繼承人中其中一人仍可以先單獨申報遺產稅。
3. 如果按時申報遺產稅並經核定後，原則上在收受核定納稅通知書之日起二**個月內**繳清應納稅款的話，也可能會被罰！根據《遺產及贈與稅法》第 51 條，罰款是**每逾二**

日加徵應納稅額**百分之一滯納金**；逾三十日仍未繳納者，主管稽徵機關應移送強制執行！

🖊 不動產之繼承登記

繼承開始之日起算 **6 個月內**辦理。

1. 根據《土地法》第 73 條規定，繼承人要在被繼承人過世 6 個月內辦理不動產之繼承登記，否則每超過一個月，就有可能會被處應納登記費額一倍之罰鍰，但最高不會超過二十倍。

   然而如果繼承人間針對不動產遺產如何登記有意見，且有繼承人不願意配合辦理該怎麼辦呢？為了避免受罰，根據《土地登記規則》第 120 條，可以由其中一位繼承人就不動產遺產先辦理「公同共有繼承登記」，此種登記類型無需所有繼承人全體同意，登記時更無需印鑑證明，因此可以透過先辦理公同共有繼承之方式來爭取避免受罰。如果後續針對不動產遺產乃至所有遺產該如何分配始終喬不攏，便可以透過向法院提起分割遺產之訴訟來解決。

2. 另外，如果不動產一直沒有辦理繼承登記，該不動產會發生什麼事情呢？根據《土地法》第 73 條之 1 之相關規

定，在被繼承人過世後一年內，繼承人仍未辦理登記，此時地政機關等公家單位會通知繼承人來辦理登記；若**超過**三個月仍未聲請登記，就會被列冊管理；被列冊超過 15 年仍未聲請登記的話，就有可能會被國有財產署公開標售，所得價金即由繼承人按照應繼分分配。**超過十年**仍無申請提領該價款者，該價金就會歸屬國庫。因此即使繼承人遲遲未辦理登記並遭到拍賣，其價金仍會屬於繼承人所有，只要在**十年期限**內領取，就不會被國家充公。

Q.49 爸媽先去世，我能否繼承爺奶的遺產？

　　倘若爺爺奶奶外公外婆有遺產，但是爸爸或媽媽早爺奶輩先去世，或者爸媽對爺奶輩有被喪失繼承權的狀況發生，孫子輩是否仍舊可以有繼承權呢？這問題，就是所謂的「**代位繼承**」。

✒ 代位繼承的資格

　　《民法》第 1140 條規定，第一順位繼承人（直系血親卑親屬）若在**繼承開始前**死亡或者喪失繼承權時，則由自己的直系血親卑親屬**代位繼承**原本應該繼承的部分。

1. 只限定在「被繼承人的第一順位繼承人」，也就是兒女，且於**發生繼承前**死亡或喪失繼承權，才有代位繼承的狀況。

2. 如果被繼承人沒有第一順位繼承人，而是預定由其他順位的繼承人（父母、兄弟姊妹、祖父母）繼承時，即使這些繼承人有《民法》第1140條規定的事由而不能繼承，

他們的子女也不具有代位繼承的資格。

3. 只限定在「被繼承人的第一順位繼承人」的「**第一順位繼承人**」，才有代位繼承權，也就是第一順位繼承人若沒有兒女，就算他有兄弟姊妹，也沒有辦法代位繼承。

4. **代位繼承**，也只是代位繼承「第一順位繼承人」的那一份，也就是如果第一順位繼承人的子女有三名，三名子女只得共同繼承第一順位繼承人的那一份。

⚫ 喪失繼承權情形

1. 依照《民法》第 1145 條各款包含以下 5 種情形：

   （1）故意致被繼承人或應繼承人於死，或雖未致死，但因該行為而受刑之宣告。

   （2）以詐欺或脅迫使被繼承人為關於繼承之遺囑，或使其撤回或變更遺囑。

   （3）以詐欺或脅迫妨害被繼承人為關於繼承之遺囑，或妨害其撤回或變更遺囑。

   （4）偽造、變造、隱匿或湮滅被繼承人關於繼承之遺囑。

   （5）對於被繼承人有重大之虐待或侮辱情事，經被繼承人表示其不得繼承者。

2. 如果被繼承人與第一順位繼承人同時遇難時，依照《民

法》第 11 條規定「二人以上同時遇難，不能證明其死亡之先後時，推定其為同時死亡」，這時依然有代位繼承的適用。

3. 但有另外一種情形，就是「**本位繼承**」而非「代位繼承」：也就是如果因為第一順位繼承人去世，導致全部第一順位「兒女」輩都去世，此時「孫子輩」是本位繼承，也就是全部孫子們一起來繼承（《民法》第 1141 條），依據孫子人頭來平分，而不是各自子女的那一份由各自孫子輩來共同分。

⟁ 「代位繼承」與「本位繼承」的不同

一、「代位繼承」

爺爺有 800 萬遺產，有甲乙兩名子女，甲有 AB 兩名子女，乙有 CDE 三名子女，此時如果甲早爺爺去世，之後爺爺去世時，遺產的分配為：

AB 代位甲，繼承爺爺 400 萬遺產，每人均分 200 萬。

乙自己繼承爺爺 400 萬遺產。

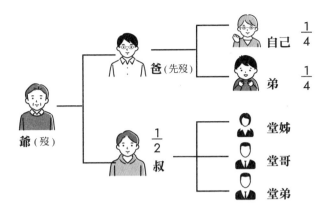

二、「本位繼承」

爺爺有 800 萬遺產，有甲乙兩名子女，甲有 AB 兩名
子女，乙有 CDE 三名子女，後來因為一場車禍，甲乙
和爺爺都同時身亡，遺產的分配為，ABCDE 共同繼承
800 萬元，每人平均為 160 萬元。

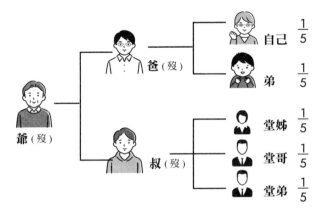

Q.50 繼承權被侵害怎麼辦？

　　所謂「繼承權被侵害」，顧名思義就是有人認為自己應該有繼承的權利，卻被其他人給侵害了。這大概有兩類情況：一個是繼承身分的侵害，一個是應繼承的遺產侵害（也就是可以分到的遺產變少了）。而兩種情形的處理方式不同，分別說明如下：

⬩ 第一種情形

1. 繼承身分被侵害：某人實際上並非繼承人，卻以繼承人自居繼承了財產，侵害或否認了真正繼承人的繼承權，是否具有繼承身分必須於繼承開始時就已經有作為繼承人之事實。因為所謂「繼承」，是指被繼承人死亡時就發生繼承關係，繼承人承受被繼承人一切財產上之權利義務。

2. 《民法》第 1146 條之「**繼承回復請求權**」，真正繼承人可以向假冒的繼承人依第 1146 條提起訴訟。

3. 繼承回復請求權的時效：被侵害的繼承人必須在「**得知**」繼承權**被侵害之日起 2 年內**主張繼承回復請求權；且如果從「繼承開始」時也就是被繼承人**死亡已超過 10 年者**，被侵害的繼承人亦不能行使繼承回復請求權。

4. 但是如果超過 10 年後，是否就代表真正繼承人的繼承權就消失了呢？根據大法官釋字 771 號解釋，大法官們認定，縱使繼承回復請求權時效已完成不能再主張，繼承人的繼承權並沒有消失，其仍然可以依照《民法》第 767 條等規定主張；然而為了兼顧法安定性，此時有《民法》第 125 條之適用，也就是還有 15 年的時效，繼承人需要在 15 年內行使《民法》第 767 條之物上請求權。

✒ 第二種情形

1. 在繼承發生時已經是繼承人，但認為應繼承的遺產內容被侵害，也就是少分了遺產。

2. 這種情形的救濟方式，即為「**特留分**」及「**扣減權**」，提起給付特留分訴訟。

3. 根據實務見解，扣減權是物權之形成權，也就是說扣減權利人對扣減義務人一旦行使扣減權，關於其遭到侵害特留分部分，即失其效力，扣減之效果旋即發生，是相

當強力的權利喔！

4. 然而如此強大的扣減權，是否需要在一定時間內主張呢？法律上並沒有明文，依據最高法院 103 年度台上字第 880 號的見解，扣減權的行使類推適用《民法》第 1146 條 2 項，也就是扣減權人必須在知悉其**受侵害時起 2 年內**行使扣減權，或是在**自繼承開始起十年內**主張扣減。

🖊 侵害胎兒的繼承權

我國法律有保障**還在母腹中的胎兒之繼承權**，因此倘若胎兒之繼承權遭到侵害時，救濟方法有人主張根據《民法》第 1166 條 2 項，由**胎兒之母親以法定代理人**的身分請求重新分割；也有人主張可由胎兒之母親行使《民法》第 1146 條之**繼承回復請求權**。

chapter 04

如果知道自己
罹病時，
財產該如何規劃？

Q.51 當知道罹病時，我該如何檢視傳承計畫？

當身體出現大紅燈時，其實也是開始檢視財富傳承的重要時刻了。

一、有關財富傳承規劃，腦中通常第一拍閃過的就是「遺囑」。

一般都採「自書遺囑」，但此時可能某些規劃的內容有侵害特留分等（例如希望全部財產都給非繼承人或捐給公益團體，就可能侵害其他繼承人的特留分），若沒有專業審酌，有可能遺囑最後仍有爭議。

且因為自書遺囑還有可能存有「這到底是不是長輩的真正意思」之疑問。因此建議採行代筆遺囑或公證遺囑，因為這些都有見證人，並且最好要指定遺囑執行人，很多都找專業人士來執行，一來公正客觀，二來也較為專業。

二、若名下有動產、不動產，以及股票或企業經營的股份，那麼究竟要怎樣的傳承，這個可能也會很有爭議，因

為有時美金、日幣、歐元等各幣別會有價差。另外，不動產最常有問題的，就是晚輩會以「不動產新舊、大小、樓層、區域」，甚至是臨馬路或位於巷子裡，還有未來有無增值性等……；股票的部分當時以為是績優股，可能繼承發生時已變成水餃股；反之亦然，因此究竟要如何分配也是一門學問。若希望股票、股權或不動產等繼續共同持有及永續經營，則可以考慮用成立家族控股公司或家族信託來處理。

三、若之前曾經有贈與房產給子女或配偶，但後來發現子女或配偶完全不照顧，此時該怎麼辦呢？依照《民法》規定，對於贈與人有扶養義務而不履行者。前項撤銷權，自贈與人知有撤銷原因之時起，1 年內不行使而消滅。贈與人對於受贈人已為宥恕之表示者，亦同。

四、倘若在之前，就與配偶和子女間有借名登記在其他人名下的財產：

　　1. 如果是父母的財產借子女的名義登記的情形，由於現在父母生病需要用錢，希望把房產要回來出售，但子女說「這是我的」，此時常產生很多糾紛。

　　2. 相反的，也有子女借父母的名義開公司，或是使用存款帳戶的！這些財產如果不做任何處理，未來父母過世之後，會被列入父母的遺產，需要報稅並且

和所有的繼承人一起分配！

3. 「借名登記」時常是一個「羅生門」，若未來要訴訟，就需要看證據，看錢到底是誰出的？另外過戶後，財產的經營或處分是由誰來主導？若是不動產，是誰在繳納各樣費用和稅金？為避免日後的爭執，建議跟子女「白紙黑字」寫清楚，這樣才不會養老真的要防兒。

Q.52 配偶罹病後，他的家人對於生活幾乎沒有關心，但去世後，對於財產繼承有很多意見，該怎麼辦？

　　不少頂客當事人表示，在配偶罹病後，兄弟姊妹很少關懷，也沒來詢問生活和醫療費用是否需要幫忙等；但當配偶去世後，兄弟姊妹卻沒少對遺產有意見，甚至在尚未入殮就開始討論要如何繼承的問題，因此會有人問說，為什麼他們不用扶養，卻可以跟配偶一起繼承。

◉ 兄弟姊妹在法律上雖互負扶養義務，卻不見得有扶養的義務

一、依照《民法》第 1114 條及第 1115 條法律規定，沒有直系血親存在，或者也沒有與配偶的他方父母共同居住時，兄弟姐妹間是有互負扶養義務的（第三順位），且當負扶養義務者有數人而其親等同一時，應各依其經濟能力，分擔義務。

二、兄弟姊妹間的是否有扶養義務，要看以下狀況：

　　1. 如果兄弟姊妹沒有孩子，並且父母親已經過世，那

麼你就是扶養義務人了。就算沒有一起居住，你仍
舊有扶養義務。

2. 但這並不是每個人都能夠受扶養，受扶養權利的要
件必須「以不能維持生活且無謀生能力者」為限，
也就是無法靠自己維持生活者才能請求他人扶養。

3. 對兄弟姊妹有扶養義務，但對於他們的配偶，或者
你配偶的兄弟姊妹，是沒有扶養義務的。

◉ 頂客夫妻間，若父母已經去世，兄弟姊妹的確與配偶是同有繼承權的：

一、依照《民法》第 1138 條規定：遺產繼承人，除配偶外，
依下列順序定之：

1. 直系血親卑親屬。

2. 父母。

3. 兄弟姊妹。

4. 祖父母。

5. 因頂客夫妻沒有子女，父母又皆去世，此時第三順
位的兄弟姐妹可為繼承。

二、至於兄弟姐妹的繼承比例，依照法庭規定，要區分為
　　被繼承人有無配偶的狀況而定：

　　1. 被繼承人有配偶：配偶先分一半，其餘由兄弟姐妹
　　　　平均分配。

　　2. 被繼承人無配偶：兄弟姐妹平均分配。（陳松勇即
　　　　屬於這個情形）

三、「兄弟姊妹」是第三順位繼承人，但並沒有區分「全
　　血緣」或「半血緣」。所以「同父異母」或「同母異父」
　　的兄弟姊妹，也是法律上的兄弟姊妹。發生繼承時，
　　半血緣的兄弟姊妹之間也是有繼承權的。

四、至於「兄弟姊妹」若在繼承開始前死亡，與《民法》
　　第 1140 條規定的第一順位代位繼承的規定不符，所以
　　兄弟姐妹的子女是不得代位繼承。

五、若兄弟姊妹間過去感情不睦，甚至可能因父母扶養或
　　繼承事宜吵得不可開交。若有符合「重大侮辱」等情
　　況，可以事先用遺囑具體載明讓其喪失繼承權。

六、若婚後被繼承人為家裡主要經濟支柱以及財富累積者，
　　當有剩餘財產的情形，配偶可以先主張「剩餘財產分
　　配請求權」；剩餘的部分，再與其他繼承人依照法律
　　規定進行遺產分配。

Q.53 跟配偶感情不佳，罹病後該如何規劃財產？

　　時常被問到「我的錢可以不分給配偶嗎？」，這問題真的是大哉問，但當你開始思考財富傳承規劃時，「配偶」有可能會是你必須正視的議題。

✒ 最直接的方式就是「離婚」

　　如果大家的關係真的很不好，光想到他分你的遺產，就讓你心有不甘，且在你的「離世畢業典禮」上通常很難照你想要的方式辦理，甚至阻撓你的親友來參加。因此首先考慮「讓他（她）不再是你的配偶」，這樣至少在你畢業離世時，不再具有繼承人身分。也就是「**離婚**」。

✒ 如果因為種種原因，無法或不願離婚，該怎麼辦？

1. 如果無法或不願離婚，那麼評估配偶狀況，是否有喪失

繼承權的情形,例如:家暴或外遇等,你可以具體寫在
遺囑裡,剝奪他(她)的繼承權。

2. 若不離婚,那麼他(她)不只會成為你的遺產繼承人,
更可以在遺產分配前,主張剩餘財產分配(**也就是說,
如果你比較早過世,婚後你所賺得的財產又比他多,這
樣他就可以對你的遺產先主張剩餘財產分配,先分走一
筆錢後再跟其他繼承人一起分遺產**),這個是需要考慮
和規劃的。

3. 如果為了避免對方主張剩餘財產分配,而將財產做某些
規劃和轉移,依照《民法》第 1030 條之 3 第 1 項:「夫
或妻為減少他方對於剩餘財產之分配,而於法定財產制
關係消滅前五年內處分其婚後財產者,應將該財產追加
計算,視為現存之婚後財產。但為履行道德上義務所為
之相當贈與,不在此限。」如果對方查到有不當移轉,
只要在離世後五年內都可以追加計算。

◉ 倘若有未成年子女,就算你讓他沒有剩
餘財產分配,甚至剝奪繼承權,但如果
他仍有未成年子女的監護權,就可能透
過孩子的繼承,也間接取得你的財產。

那麼該怎麼辦呢？

1. 如果對方完全不聞不問好幾年，且平常都由娘家的爸媽或手足協力照顧；若手足沒有子女，有意願想要收養，可以考慮向法院聲請收養認可。

2. 如果手足沒有意願收養，建議在重病時刻，先將監護權（如果你是單獨監護）委託監護給娘家親人；未來離世了，要聲請改定監護權的可能性會增加。

3. 如果這些都無法（例如：沒離婚，監護權共同，對方也沒有對小孩不聞不問，只有不聞不問你），此時建議可以考慮將財產用「信託」方式處理，並且在信託裡放入「不可撤銷」以及「信託財產是按月給付」，甚至是規劃「信託財產在未成年人成年時才能取得」，這樣就可以保障未成年子女，使這財產不會被對方給完全拿走，畢竟只要是父母就該對未成年子女有扶養責任。

Q.54 如何保障孩子及家族的財務傳承規劃？

當知道自己罹患疾病後，一邊要面對疾病該如何治療等棘手問題，一邊要面對子女或家族的財務傳承規劃問題，有時真是蠟燭多頭燒，除了單純的身後繼承外，亦可以贈與和信託來做論述。

⬙ 若子女均已成年

（一）贈與方式

1. 若贈與子女，建議在贈與時就簽訂贈與契約書，除載明贈與對象、品項價值外，甚至可加註贈與條件或「附負擔」（**就是在贈與同時，要求受贈人也必須完成某件事情**），以應對日後各種可能產生的情況（包含不孝棄養要撤銷等）。

2. 贈與契約書可註明本次贈與是否屬於「婚姻、分居、營業」的特種贈與。這類特種贈與類似預支

遺產的概念，日後遺產分配時再行歸扣。

3. 無論贈與動產、不動產都應簽訂贈與契約書，最好是委託公證人、律師或地政士草擬契約並見證，避免日後爭議；同時提醒，透過贈與所取得的房產，**受贈人**的取得成本為受贈當時**該房產**的公告現值，未來賣房有可能**要因取得成本和成交價間的差額計算**，付出房地合一所得稅。

（二）信託方式

1. 對於有逐年贈與資產給子女的父母，也可以透過子女保障信託中「他益信託」的模式。要留意的是，當每年贈與的金額超過 244 萬元時，多出的錢就必須繳納贈與稅。

2. 若父母已經採取逐年贈與模式、為子女開設帳戶者，可以用子女自己的金錢成立「自益信託」，且由父母擔任信託監察人。雖然名目不同，不過委託人每年度仍可持續將資金繼續存入信託帳戶中。在信託期間，信託帳務明細不僅一目了然、且逐筆有紀錄，委託人及信託監察人雙方都可清楚了解每一年的收支狀況。

🖊 子女未成年

一、遺留或贈與的財產需要好好做規劃，若子女可能不具備理財能力或培養出子女不勞而獲的習性，思想一下，這些財產會讓他們生活更幸福？還是會毀了他們的人生？

二、信託方式

1. 若簽約時受益人（子女）未成年，需請法定代理人共同簽署，信託契約才能成立。

2. 為確保信託的規劃可以依照契約的約定進行，建議約定信賴的親友或公正第三方擔任信託監察人，信託監察人可為一人或多人共同擔任，也能安排順位，在信託監察人不克擔任時，能遞補成為信託監察人。

3. 信託內容最好能就未成年子女需要的費用部分，約定好給付的方式，也能規劃為於成年後的何時一筆給付。

4. 若委託人身故後，受益人想要變更或終止信託契約時，也需經當初約定的信託監察人同意。如此一來，不僅可有效防止身旁不肖親友的覬覦，也能避免子女成年後任意揮霍信託財產。

Q.55 當身體健康亮紅燈時，股票等證券投資該如何傳承？

由於房價太高了，大部分的人都無法買房囤防；加上前幾年股價增值空間大，尚能穩定收息，紛紛轉而買入股票和基金；直到自己身體健康亮紅燈，但股票該如何傳承呢？

首先，不論是直接贈與股票，或者用每年贈與金錢購買股票等規劃方式，若發生在往生前 2 年內，將被視為遺產的一部分，孩子仍需繳交遺產稅。依法若繼承時股價高於贈與，子女需要再補繳遺產稅，如果遺漏還可能因此受罰。

一、股票分為「上市櫃公司股票」和「未上市櫃公司股票」

　　1. 若是未上市、未上櫃且非興櫃公司股票或獨資合夥事業之出資額，應**計算該公司或該事業在繼承開始日之資產淨值，並以此資產淨值估定其時價**；但如該公司、行號於死亡當期尚未編製資產負債表，**因此無法計算繼承開始日之資產淨值**，可以前期資產

負債表及本期至被繼承人死亡日止之營業額，按同
業利潤標準換算所得額，估算其遺產價值。

2. 上市櫃公司股票按照被繼承人死亡當天收盤價計
算，受到股價漲跌影響。

二、許多上市櫃公司的大股東會趁股價低時，贈與股票給
子女，避免未來過世時，若股價正值高檔，須繳納更
高的遺產稅。

三、考慮「股利信託」的規劃

就是股票持有人將高股息的股票交付信託，並指定子
女為股利受益人，信託期間透過信託專戶，由銀行撥
付股利所得給子女。藉由逐年移轉股利，節省贈與稅
或所得稅，並達成妥善運用股利的傳承目標。

四、就股票繼承，可以分為單純投資股票的繼承，或者是
經營公司的股權繼承，有以下可參考：

1. 股票實物抵繳

由於遺產稅以現金繳納為原則，若應繳金額在 30 萬以
上，且繳納人現金繳納有困難者，就可以申請「實物抵
繳」。

以股票實物抵繳時，若核定時股價較高，雖然等到繳稅
時股票下跌了，仍然可以依核定時較高的價格抵繳。

2. 將資產轉股權

公司為獨資或大股東就名下之不動產或資產要傳承給子女。若以個人名義，稅負極高；但若資產在公司名下，以公司股份傳承給子女，從稅負角度來看，是有其優勢的。

3. **善用股權信託**

若是自己公司的股權，希望身後公司不分家，不希望子女出賣持股，導致辛苦一輩子建立的公司落入他人之手；採股權信託方式，將股權「鎖住」。

Q.56 50 歲以後該如何做保險金信託？

　　由於過去「保險規劃」是財富傳承裡很常被使用的理財工具之一。除了保障外，很多強調有稅遁的功能，但由於在過去可能會因為發現身體有健康紅燈時，或者年紀大了突然想用保險作傳承規劃，甚至被建議用保費**全額一次躉繳**方式來做稅務規劃等。

　　但近年國稅局發現被保險人在生前的短時間內，若有出現「躉繳投保」（一次將保費全部繳完）、「重病投保」（例如：中風、罹癌、帕金森氏症等）、「高齡投保」（投保時已超過 70 歲以上）、「短期投保」（死前三年所投保的保單）、「巨額投保」（保額在 1200 萬以上都有可能被認定）、「密集投保」（例如：三個月內購買數張保單）、「舉債投保」、「保險費高於或等於保險給付金額」（不合乎保險規劃之目的）等八種投保狀況，就常以「實質課稅原則」，被歸類為有逃稅的疑慮，予以補稅甚至處以罰鍰。

　　在壽險商品中，主要應該是做風險分散的規劃，若當時被繼承人的投保目的，不是為了保障受益人生活，而是

為了節稅而投保，或是「保險給付相當於已繳保險費」，沒有以小換大的保險槓桿精神時，已經違背了《遺產及贈與稅法》第16條第9款及《保險法》第112條的立法意旨，任何壽險都有可能被國稅局以「實質課稅原則」主張應納入遺產。

至於若希望就保險金作信託規劃，處理流程如下：

1. **找保險公司簽訂保險契約**，並且要在保單上批註保險給付給信託專戶。

2. **找合適的受託人**，也就是銀行或信託公司，此時一定要詢問清楚有關銀行或信託公司就**保險金信託管理方式**，以及信託金額和各樣手續費和管理費

3. **找合適的信託監察人**，可以找自己信任的親友或是律師，也有許多身心障礙者可由社福單位或政府擔任監察人，以免信託契約被任意變更終止。

4. **就信託內容**，一定要**與受託人和信託監察人討論**，包含：財產管理方式和信託利益給付的內容及方式。

「舉例」：假使被保險人的保險金信託，是身故後將2000萬元保險金進入到信託帳戶，由受託銀行依照當時信託合約內容的指示進行管理，與每月支付 3 萬元生活費及教育金予受益人。另外加註，若小孩在生活上有緊急大筆

資金需求，例如醫藥費用、留學費用等，可經過指定之信託監察人同意後，提出書面另行申請。並且約定受託機構在**受益人 20 歲成年**時，將剩餘之信託資產移轉至受益人小孩身上，信託關係終止。

就以上案例可知，「保險」就是透過保障來彌補風險的損失，而「保險金信託」就像是在保險外再加上一層保險，讓保險的功能真正能落實在照顧身後所掛念的家人。

Q.57 罹病後該如何規劃名下的不動產？

很多人在身體健康出狀況後，才開始思想進行財富傳承規劃，尤其是不動產，但這時要注意有以下幾點：

⟁ 就稅負部分

雖然每年有贈與免稅額或免稅規劃，但如果是在傳承兩年內死亡，都會被視為贈與，需要課與贈與稅，這必須要考量進去。

⟁ 再來思考子女是否會闖禍

1. 若是「買賣」：因為已經過戶，子女在外闖禍之債權人可針對此不動產進行強制執行，因此建議以子女名義購置，在該不動產上設定抵押（當然資金移轉可視為借貸，當作不動產抵押擔保之債權）。
2. 若是「贈與」，不少會在贈與後設定抵押權，但該抵押

權設定要擔保之債權就要好好設想，否則可能會被視為抵押權不存在。也建議在設定時就為附負擔（**也就是設定抵押權時，要求子女必須完成某件事**），倘若日後子女闖禍，或許也可認為無法履行負擔或者認為未盡孝道（要具體載明清楚怎樣狀況叫做未盡孝道），而撤銷該贈與，以保障該不動產。

3. 至於「繼承」：因為該繼承權在闖禍時若還未實現，債權人不能強制執行繼承權。

✒ 最後來看子女是否有良心來看

1. 若從「買賣」的部分：若資金流程都有，子女對我們有無奉養孝心，基本上沒有什麼影響，也就是不能以不孝等理由撤銷。

2. 若從「贈與」的部分：未免子女不肖，可與子女訂立「附有負擔的贈與」。依照《民法》412 條第一項，贈與附有負擔者，如贈與人已為給付而受贈人不履行其負擔時，贈與人得請求受贈人履行其負擔，或撤銷贈與。而依照《民法》第 416 條規定，贈與人可以撤銷贈與，但撤銷權自贈與人知有撤銷原因之時起，一年內不行使而消滅。贈與人對於受贈人已為宥恕之表示者，被認為不能再以

此理由撤銷贈與。也就是說若子女有故意傷害父母的行為或對於父母有不扶養的狀況，在父母沒有表示原諒的情形下，父母可以在知有撤銷原因之時起，一年內不行使而消滅。

3. 從「繼承」的部分：若子女有大逆不道的狀況，例如：有想要謀害繼承人或其他繼承人狀況，或者有用欺罔或脅迫狀況讓繼承人立遺囑或變更遺囑內容，或者有重大虐待或侮辱父母的狀況，

　　由於不動產移轉不只涉及稅賦，還需要評估子女之品行、與父母關係及奉養之心意，建議是否要一口氣為子女足額添購房產以及添購之方式及名義為何，都要多方考量；過去俗諺說「養兒防老」，現在可能「養老要防兒」。

Q.58 申報遺產之遺產稅免稅額是多少？

　　每次被詢問該如何處理遺產的時候，有幾個名詞一定會提到，那就是「免稅額」、「不計入遺產項目」、「遺產扣除項目」。就 111 年新稅制上路，有關遺產稅部分之規定，整理如下：

⟨✒⟩ 免稅額

　　財政部在 110 年 11 月 24 日已經有公告，民國 111 年的遺產在新台幣 1333 萬元內「不用繳交遺產稅」；若軍警公教人員殉職，遺產在新台幣 2400 萬元內同樣也不用繳交遺產稅。

⟨✒⟩ 扣除額

1. 配偶扣除額：493 萬元。
2. 若繼承人為子女，直系血親卑親屬扣除額：每人 50 萬元。

其有未成年者，並得按其年齡距屆滿成年之年數，每年加扣 50 萬元。

3. 若留有父母，父母扣除額：每人 123 萬元。

4. 前三項如為身心障礙者或精神衛生法規定之病人，重度以上身心障礙特別扣除額：每人 618 萬元。

5. 受被繼承人扶養之兄弟姊妹、祖父母扣除額：每人 50 萬元。兄弟姊妹中若有未成年者，並得按其年齡距屆滿成年之年數，每年加扣 50 萬元。

6. 喪葬費扣除額：123 萬元。

⚜ 不計入遺產總額之金額

1. 被繼承人日常生活必須器具或用具，NT$ 89 萬以下部分不計。

2. 被繼承人職業上工具，NT$ 50 萬以下不計入。

3. 被繼承人捐贈之財產。

4. 被繼承人著作權、發明專利權及藝術品。

5. 被繼承人給付受益人之人壽保險金額，軍、公教人員、勞工或農民保險之保險金額及互助金。

6. 被繼承人死亡前五年內，繼承之財產已納遺產稅。

7. 被繼承人之文化、歷史、美術之圖書、物品，向主管稽

徵機關聲明登記。

8. 被繼承人死亡前 6~9 年內，繼承之財產已納遺產稅者，
按年遞減扣除 80%、60%、40%、20%。

9. 被繼承人各項稅捐、罰鍰及罰金。

10. 被繼承人未償清債務。

11. 執行遺囑及管理遺產之直接必要費用。

✒ 常漏報的財產項目（這些也是要申報遺產的）

1. 死亡前 2 年內贈與配偶的財產外

2. 銀行保管箱內物品價值

3. 重病期間領取的現金

4. 生前所投資公司之股東往來債權

5. 死亡日止之應收利息、股利及農漁津貼等債權

6. 以被繼承人本人為要保人、他人為被保險人之保單價值

7. 生前買入，但死亡時尚未辦妥所有權移轉登記之不動產

8. 被繼承人所遺之汽機車

◎ 課稅級距金額

1. 遺產淨額 5,000 萬元以下者，課徵 10%。
2. 超過 5,000 萬元至 1 億元者，課徵 500 萬元，加超過 5,000 萬元部分之 15%。
3. 超過 1 億元者，課徵 1,250 萬元，加超過 1 億元部分之 20%。

　　遺產稅要在被繼承人死亡之日起六個月內，納稅義務人（繼承人、遺囑執行人或遺產管理人）向被繼承人身故時之戶籍所在地的稅捐稽徵機關申報。倘若有正當理由不能於六個月內如期申報者，應依《遺產及贈與稅法》第 26 條之規定申請延長申報期限。

Q.59 生病後開始贈與晚輩的財產，去世後，為何還會被課遺產稅？

碰到不少當事人在自己或長輩檢查出重症後才開始財產轉移，大多是夫妻贈與免稅或子女贈與免稅額內的贈與，但依照《繼承及贈與稅法》規定，被繼承人**死亡前二年內**贈與配偶、法定繼承人或法定繼承人之配偶有關個人之財產，應於被繼承人死亡時，視為被繼承人之遺產，併入其遺產總額。也就是說，過世者在生前兩年內贈與他人財產，像是贈與配偶、子女、孫子女、父母、兄弟姐妹、祖父母等，不論贈與當下有沒有繳贈與稅，其贈與財產在過世後都會全數列入遺產，計算遺產稅。

另外就**保單規劃**部分，也有不少人以自己為要保人為子女投保，然後因發現自己罹患重大疾病，便在死亡前兩年內變更各樣保單的要保人。依照財政部國稅局函令，根據《遺產及贈與稅法》第 15 條規定，如果變更要保人的行為發生在原要保人死亡前兩年，而要保人變更的對象為其配偶、直系血親卑親屬及其配偶或是父母、兄弟姊妹及其配偶、祖父母等人，則該贈與行為符合該條文中「視為遺

產之贈與」的規定，仍應併入遺產總額課徵**遺產稅**。

至於死亡前兩年內贈與財產之價值該如何計算？遺產價值的計算，是**以被繼承人死亡時的時價為準**，被繼承人如果是受死亡宣告的，**以法院宣告死亡日的時價為準**。就不同財產態樣分別說明如下：

1. 如該贈與標的為土地，其遺產價值之計算以贈與日的公告土地現值為計算標準。

2. 如該贈與標的為房屋，其遺產價值之計算以評定標準價格為計算標準。

3. 如該贈與標的為公開上市或上櫃的股票等**有價證券，以當日市場收盤價**作為時價。

4. 如該贈與標的為未公開上市的公司股份或獨資合夥商號的出資額，以這些公司或商號資產淨值作為時價。

總之，在申報遺產稅時，如果被繼承人在死亡前兩年內有贈與財產行為，均應依《遺產及贈與稅法》第 15 條規定申報併入遺產總額，以維護自身權益。

Q.60 夫妻間贈與不是免稅嗎？為何還要被課遺產稅？

在財產規劃中，很常見使用夫妻之間的贈與來平衡夫妻雙方財產，或是贈與後再將財產移轉過戶至子女名下。大部分人都認為夫妻之間的贈與不需要繳什麼稅，但這當中有很多需要釐清的部分：

1. 夫妻間的贈與包含現金、土地、房屋，根據《遺贈稅法》規定，這些都不計入贈與課稅範圍當中，也就是免課贈與稅，但仍需向國稅局申報。

2. 若贈與的是土地，依照《土地稅法》規定，夫妻間贈與的土地，得申請不課徵土地增值稅。但卻在移轉至第三人時，以該土地第一次贈與前之原規定地價或前次移轉現值為原地價，計算漲價總數額，課徵土地增值稅。因此究竟要不要申請暫不課徵土地增值稅，端賴整體規劃適用。

3. 若贈與的是房屋，依照契稅條例規定，還是得繳納契稅與印花稅。

4. 倘若贈與的房屋土地未來有出售，由於所得稅法新舊制

不同，課稅金額會有不同，也要一併考量：

（1）舊制房屋交易損益的計算，應以交易時房屋成交價格。

（2）新制房屋土地交易損益的計算，應以交易時房屋及土地成交總額。

另外，夫妻相互贈與，雖然可以免課贈與稅，但如果遇到贈與後未滿兩年，當初贈與的夫或妻過世，這些贈與都會被列入遺產課稅，那是因為《遺產及贈與稅法》第15條第1項第1款規定，被繼承人死亡前2年內贈與配偶之財產，應於被繼承人死亡時，視為被繼承人之遺產，併入其遺產總額課徵遺產稅。

由於生命長短大多無法在多年前準確預測，是否僅因某一方身體健康較另一方差，就貿然將其名下財產全部移轉至另一方名下，希望藉此規避遺產稅，能否如願不得而知。但如果沒有事先做這樣大動作的移轉，善用「剩餘財產分配請求權」來做規劃，有時較合適。

依照《民法》第1030條之1規定，夫妻法定財產制關係消滅時，夫或妻現存之「婚後財產」，扣除婚姻關係存續中所負債務後，如有剩餘，其雙方剩餘財產之差額，應平均分配。所以，被繼承人死亡後，其生存配偶得依前述

《民法》之規定，行使剩餘財產差額分配請求權，其價值於核課被繼承人遺產稅時，可以自遺產總額中扣除。

就稅賦角度，夫妻間財產究竟該如何規劃，有時不能只在免除贈與稅方面考量，更要從遺產稅方面思考，佐以夫妻剩餘財產分配請求的行使，做通盤的考量和規劃。

Q.61 財富規劃中有關贈與的稅負認識

　　在做財富傳承規劃時，贈與是大家普遍會使用的方式之一，因此贈與會產生的稅負就一定要知道的。

贈與稅的基本常識

1. 贈與稅是指一方將財產（包含動產、不動產及其他有財產價值之權利）無償（也就是沒有對價）給予他人，因此被課徵的稅就是贈與稅。而贈與稅的納稅義務人為贈與人（也就是送東西給人的是贈與稅的納稅義務人）。（遺產及贈與稅法第7條）

2. 贈與稅免稅額為「每人」「一年」在新台幣244萬限度內（以民國111年規定為例），且不限制贈與對象。若由「贈與人」角度出發，倘若受贈人接受了多人的贈與，免稅額的計算是從每個贈與人來計算。

3. 若覺得每年244萬贈與規劃仍嫌不足，可以在金流妥適的規劃情形下，多人共同贈與子女，或是在子女結婚前

後轉移資產（父母在子女**婚嫁前後 6 個月內**贈與財產，除了每一年的贈與免稅額之外，還可以多加「婚嫁贈與免稅額」100 萬元），二是透過妥適的保單規劃進行財富傳承。

4. 贈與稅率：新台幣 2,500 萬元以下為淨額之 10%；2,500 萬元～ 5,000 萬為淨額之 15%；超過 5,000 萬元為淨額之 20%

5. 不論贈與多少人、多少財產，只要贈與人同一年度累計贈與財產合計超過免稅額，就應在**贈與行為後 30 日內**申報贈與稅。

✒ 贈與後可否反悔撤銷？

父母在以贈與為財富傳承規劃時，時常會詢問到：萬一子女不乖，可以反悔撤銷贈與嗎？依照《民法》第 408 條第 1 項規定「贈與物之權利未移轉前，贈與人得撤銷其贈與。其一部已移轉者，得就其未移轉之部分撤銷之。」也就是在還沒有移轉前可以反悔**如果已經移轉，則不能**。什麼叫做「移轉」，就各類財產分述如下：

1. 現金和珠寶等動產，原則上交到受贈人手上就是移轉。

2. 股票，原則上需要過戶程序，過戶完成才算移轉。

3. 不動產（土地房屋），需要過戶程序，過戶完成才算移轉。

何種狀況可以撤銷？

依照《民法》第 416 條第 1 項規定，受贈人對於贈與人有下列情事之一者，贈與人得撤銷其贈與：

1. 對於贈與人、其配偶、直系血親、三親等內旁系血親或二親等內姻親，有故意侵害之行為，依《刑法》有處罰之明文者。
2. 對於贈與人有扶養義務而不履行者。
3. 也就是說如果子女故意侵害贈與人父母，或者有不扶養父母的情況，父母是可以撤銷贈與的。
   但要注意的是，這撤銷不是無期限的，依照《民法》第 416 條第 2 項規定：「前項撤銷權，自贈與人知有撤銷原因之時起，**1 年內**不行使而消滅。贈與人對於受贈人已為宥恕之表示者，亦同。」

如果反悔撤銷贈與，可以退贈與稅嗎？

原則上已經完成贈與也申報贈與稅，是不得申請撤銷的，只有以下幾種情況可以撤回贈與稅申報：

1. 以不動產為贈與者，在未辦妥產權移轉登記前。
2. 以股票為贈與者，經核定稅額並繳清稅款，若還沒有完成股東名義變更登記前撤銷或解除，這股票仍屬贈與人所有。
3. 贈與之財產雖然已完成移轉登記，惟贈與人有法定撤銷權，故當有合法撤銷並取得法院確定判決或與確定判決具有同一效力之法院和解筆錄、法院調解筆錄等狀況下便可以撤回贈與稅申報。

Q.62 保單贈與規劃的地雷

　　這幾年對於資產傳承規劃，很多都會加上保單規劃，彷彿有保險就醫就可以有保障和節稅，但不少保單事後在國稅局中仍會課徵遺產稅或贈與稅，因此就保單規劃部分，將課稅地雷寫清楚：

⚠ 保單的「要保人和被保險人」不是同一人

1. 保單之要保人，指的是「訂定保險契約並繳保費的人，可以指定或更改受益人、變更契約和解約的人」。至於被保險人指的是「保單中被保障的人，當被保險人發生保險事故時，啟動理賠條件」。

2. 根據《遺產及贈與稅法》的規定，要保人及被保險人若都是被繼承人（也就是死者），而且身故保險金有指定受益人的壽險保單，可以不用計入遺產總額。因此，當要保人、被保險人為不同人的保單，則該張保單價值需

被計入遺產總額課稅。

✒ 死亡前兩年變更要保人

1. 不少人在年輕投保，要保人多半是寫自己（畢竟是自己繳交保費），但後續因身體狀況導致想要開始做資產傳承的規劃，或者因婚姻關係發生變化，協議變更某些保單的要保人。變更要保人是把保單的一切權利移轉給新要保人，對於國稅局而言就是贈與行為，如果保單價值逾當年度的贈與總額（111 年起調整為 244 萬元），超出部分就會被課徵贈與稅。

2. 如果遇到變更要保人後未滿兩年，但原本的要保人卻過世了，「若死亡前兩年內將原本是自己擔任要保人的保單，變更為特定親屬為要保人」，那麼這些保單利益都會被列入遺產課稅。

✒ 受益人未指定法定繼承人

基本上，若有寫受益人的保單，就不會列為遺產，因此目前投保時，受益人都會寫上至少一名你最想要照顧的家人，可能是配偶或子女，卻忽略了在這些後面寫上「法

定繼承人」；在某些意外來時，若原本的受益人因故同時過世，當被保險人還在世時，這保單將被認為是「無指定受益人」，變成遺產。

✒ 違反實質課稅原則

1. 保險規劃是資產傳承規劃裡不可少的一環，但為了避免納稅義務人在得知自己即將不久人世或重大失能之前，進行「躉繳投保」、「重病投保」、「高齡投保」、「短期投保」、「巨額投保」、「密集投保」）、「舉債投保」、「保險費高於或等於保險給付金額」等八種投保狀況，藉以避稅時，因此針對投保人壽保險設有「實質課稅原則」，審核保單投保動機。

2. 人壽保險之死亡給付及年金保險之確定年金給付於被保險人死亡後給付於指定受益人者，依《保險法》第一百十二條規定不得作為被保險人之遺產，惟如涉有規避遺產稅等稅捐情事者，稽徵機關仍得依據有關稅法規定或《稅捐稽徵法》第十二條之一所定實質課稅原則辦理。

Q.63 不動產傳承「三角移轉」踩到課稅地雷

　　華人理財排行榜上，不動產應該是名列前茅。當小孩長大做資產傳承時，自然會想出資為子女購置不動產，但究竟要怎樣購置才不會踩到「稅雷」呢？不少聰明人士喜愛使用「三角移轉」來避稅，此法真的可行嗎？

✒ 從稅負上來分析

　　將贈與買賣和繼承之各樣稅負，整理成表格

稅目	贈與移轉	買賣移轉	繼承
土地增值稅	按一般稅率 20%、30%、40% 核課	按一般稅率 20%、30%、40% 核課或可享受自用住宅優惠稅率 10%	免課
契稅	按房屋評定標準價格 6% 核課	按房屋評定標準價格 6% 核課	免課
證券交易稅	免課	按成交價 0.3% 核課	免課

印花稅	按契約金額 1% 核課	按契約金額 1% 核課	協議分割繼承按分 割不動產總值 1% 核課
贈與稅	按贈與時財產之 時價核課	除能提出支付價款 之確實證明者外， 須按財產之時價 核課	
遺產稅			須合併其他遺產 核課

資料來源：裁自財政部網站

⟐不動產的三角移轉意思

1. 實務上，不少父母親要把房子過戶給「子女」，但為避稅，得先把房子過給「第三人」，等一些日子後，再由第三人把房子過給「子女」。從法律上來看，這是兩份獨立的買賣契約，但當最終取得不動產者是二親等以內的親屬，稅捐單位會認定為三角移轉，有被補課贈與稅的風險。

2. 究竟怎樣會被認定為「三角移轉」，又怎樣可以被視為兩個買賣契約？就要看這兩個買賣契約是否是「真的買賣」。通常會從這兩買賣契約的「資金支

212

付」、「存取時間」、「交易各方所得能力」、「支付證明」為審核要點，也就是稽徵單位會查核納稅義務人所提支付價款證明，分析其資金存取時間，並斟酌當事人雙方之所得能力，調查其所得資料，以憑審核，必要時則會加強資金流程之查核。

3. 如果在第二個買賣契約裡（第三人出售給兒子），買受人（也就是兒子）目前為大學生，名下也少有足夠的金額購買不動產，當核對金流資料時發現，這資金是由父親向銀行貸款，再匯款到兒子帳戶，像這樣情形就會被認定為「三角移轉」，被認定屬於贈與行為須課稅。

4. 如果這兩個買賣契約被認定為贈與時，除依法課徵贈與稅，並處以所漏稅額 **1 倍至 3 倍** 之罰鍰及依《稅捐稽徵法》第 41 條追究刑事責任，處 5 年以下有期徒刑、拘役或科或併科新台幣 60,000 元以下罰金。如果是建議或者幫助三角移轉，也會依《稅捐稽徵法》第 43 條追究刑事責任，處 3 年以下有期徒刑、拘役或科新台幣 60,000 元以下罰金。

chapter 05

生病太痛苦，我可以決定自己生命終點嗎？

Q.64 我可以自己決定要不要善終嗎？台灣可以安樂死嗎？

　　人走到生命的盡頭時，倘若疾病纏身，對於自己、和身旁的親人都會是極大的苦痛。能否讓病人在極其痛苦下，施以藥物給予安樂死，各國對於臨終的自主權，大致分為三種規範方法：

1. 安樂死：由醫師等「他人」為病人注射藥物等「積極行為」，加速病人縮短其生命。已施行之國家為荷蘭、比利時等。

2. 協助自殺：由醫師提供方法，例如開立處方等，讓「病人自行」決定是否服用。已施行國家為瑞士等。

3. 拒絕醫療權：醫師尊重病人之意願，不提供維持生命治療，任由病人依自然之病程迎接死亡。

　　我國基本上不允許安樂死，但在民國89年制定並實施「安寧緩和醫療條例」，以及在民國108年1月實施「病人自主權利法」給予病人「拒絕醫療權」。這裡規範了在某些特殊的情形下，可以拒絕積極的治療行為；但安樂死

本身是用積極方式促使死亡的發生，這在我國法律目前基本上是不允許的。

有人會希望在遺囑中寫下「不希望施以任何急救」等等善終方式，也會希望在遺囑中寫下希望的殯葬儀式等意思表達，期待自己能決定善終方式，以及生命最後一程的規劃。

1. 根據《民法》第 1199 條，遺囑就是在遺囑人「死亡時」發生效力。有關「拒絕醫療權」的載明，屬於如何不急救而達成死亡的規劃；這是生前之事跟遺囑本身的效力發生點，應不在遺囑處理的範圍。

2. 由於遺囑通常是在死後才會公開，不一定在死亡前公開，因此在遺囑中寫明對於善終之交代，不一定能達到選擇善終之效果。

3. 至於病人在生命最後一哩路究竟要不要施以人工延長的各樣醫療行為，時常是病人家屬在醫院裡的痛苦和拉扯。若直接拒絕，家屬會背負不孝的罪名，因此時常看到家屬為此爭吵不休。為了讓不希望以人工延長生命之病人有機會善終，建議可與家人表示你希望「拒絕不必要之人工延長生命方式」，亦以書面寫下，如此也可讓醫療人員和親友在合法範圍內，成全病人善終的心願。

Q.65 什麼是安寧緩和醫療條例？

　　民國 89 年我國制定《安寧緩和醫療條例》（下稱安寧條例），以保障病人的善終權，使病人得以自行選擇安寧緩和醫療，這也是我國對於生命善終權利跨出歷史性之第一步！

　　安寧條例之立法精神在於保障末期病人之權利，為減免其痛苦，賦予成年並具有完全行為能力之人得以依照自己的想法預立「意願書」，選擇安寧緩和醫療或是維生醫療。選擇安寧緩和醫療之末期病人，得決定不實施心肺復甦術或維生醫療措施，讓生命自然走向終點。

　　依照《安寧緩和醫療條例》規定，需要符合「應由二位醫師診斷確為末期病人」以及「應有意願人簽署意願書」的要件，醫師才能依法「不為其施行電擊、心肺復甦術、呼吸插管、葉克膜等延命醫療」；如果末期病人尚未簽署意願書且意識昏迷或無法清楚表達意願時，可由其最近親屬出具同意書代替之。如果沒有最近親屬者，應經安寧緩和醫療照會後，依末期病人最大利益出具醫囑代替之。所

謂的同意書或醫囑均不得與末期病人於意識昏迷或無法清楚表達意願前明示之意思相反。

依照安寧條例的規定，並非是完全不讓病人進行醫療，而是仍會持續進行減緩、免除末期病人之生理、心理及靈性痛苦之緩解性、支持性的醫療照護，使末期病人在臨終前能維持較高之生活品質。

而安寧條例最大之缺憾，在於適用對象以及選擇之醫療方式過於限縮：只有「末期病人」可以預立意願書，且內容僅止於「是否進行心肺復甦術或維生醫療措施之選擇」；加上過去病人之家屬往往基於「無知便是福」等概念，要求醫護與家屬一同向病人隱瞞病情，醫護便漸漸地開始只將病情告知家屬知道、家屬同意後才會向病患本人說明病情。

根據《安寧緩和醫療條例》第 8 條所規定，醫師告知義務仍是以「病人或其家屬」為告知的對象，並未實踐病人之自主權。而且本條例所規定之書面意願書之程序，並不如病人自主權利法中預立醫療決定般嚴謹，不但不需先經醫療諮商，根據條例第 7 條規定，甚至得由親屬出具同意書代替，且本條例仍有對於醫師之罰則，因此在實務上仍會存在著許多醫師及家屬間的糾紛。

Q.66 什麼是病人自主權利法？

　　《病人自主權利法》（下稱病主法）是我國第一部以病人為主體的法律。所謂病人自主，其實是與過去「醫主原則」相對的價值觀，醫師不再是主導醫療行為之唯一角色。身為專業知識者的醫師，仍須尊重病人自身的價值觀及人格；而病人透過尊重醫師的專業判斷後，審慎思考、選擇符合自身所需的醫療方式。本法有兩個重點，一個是病人自主意願的表達與貫徹。另一個是醫師要受到百分之百的法律保障。

　　也因此**病主法規定**病人對於病情、醫療選項及各選項可能成效與風險預後，有知情之權利。對於醫師提供的醫療選項有選擇與決定之權利。病人之法定代理人、配偶、親屬、醫療委任代理人或與病人有特別密切關係者（以下統稱關係人），不得妨礙醫療機構或醫師依病人就醫療選項決定之作為。也就是**醫師之說明義務是以告知本人為原則，並賦予病人有知情、選擇、決定之權利**，病人之家屬不得妨礙。

且依照病主法規定，病人符合下列臨床條件之一，「末期病人」、「處於不可逆轉之昏迷狀況」、「永久植物人狀態」、「極重度失智」、「其他經中央主管機關公告之病人疾病狀況或痛苦難以忍受、疾病無法治癒且依當時醫療水準無其他合適解決方法之情形」，且有預立醫療決定者，醫療機構或醫師得依其預立醫療決定終止、撤除或不施行「維持生命治療」或「人工營養及流體餵養」之全部或一部。

　　就「安寧緩和醫療條例」與「病人自主權益法」做比較：

（一）就適用對象部分

1. 安寧條例：「末期病人」
2. 病主法：「末期病人」「處於不可逆轉之昏迷狀況」、「永久植物人狀態」「極重度失智」、「其他經中央主管機關公告之病人疾病狀況或痛苦難以忍受、疾病無法治癒且依當時醫療水準無其他合適解決方法之情形」
3. 病主法較安寧條例更擴大適用對象

（二）就病人決定的項目部分

1. 安寧條例：「是否進行心肺復甦術或維生醫療措施之選擇」

2. 病主法：「接受或拒絕維持生命治療或人工營養及流體餵養之全部或一部」之決定

  （1）維持生命治療：指採行心肺復甦術、機械式維生系統、血液製品、為特定疾病而設之專門治療、重度感染時所給予之抗生素等任何有可能延長病人生命之必要醫療措施。

  （2）人工營養及流體餵養：指透過導管或其他侵入性措施餵養食物與水分。

（三）由上可知，《病人自主權益法》對病人在最後一哩路上可以自主決定的權益，是一大突破。

Q.67 我要如何預立末期的醫療照護？

在我國想要預立末期之醫療照顧，可以透過《安寧緩和醫療條例》或是《病人自主權利法》（下稱病主法）兩種管道來進行，因《病人自主權利法》適用範圍較廣，因此目前大部分都以病主法進行，故以下介紹透過「預立醫療決定」之方式來預立醫療照顧：

🖊 誰可以進行？

根據病主法規定，需為具有完全行為能力之人，所以未滿 18 歲（新修正法定成年為 18 歲）之未成年人、受到監護宣告、輔助宣告之人都無法預立醫療決定。

⚜ 設立預立醫療決定的步驟

（一）第一步：預立醫療照護諮商

1. 根據病主法規定，在預立醫療決定之前，必須和醫療服務提供者（醫師、護理師等）、二親等內之親屬至少一人一同進行。若有指定醫療委任代理人，亦應一同參與諮商。

2. 「醫療委任代理人」：在病主法規定中，就是立意願書之人事前以書面委任，在意願人意識昏迷或無法清楚表達意願時，代理意願人表達醫療意願，其權限包含「聽取告知」、「簽具同意書」和「代理表達醫療意願」。

3. 病主法規定，下列除意願人之繼承人外，不得為醫療委任代理人：

（1）意願人之受遺贈人。

（2）意願人遺體或器官指定之受贈人。

（3）其他因意願人死亡而獲得利益之人。

（二）第二步：預立醫療決定

1. 預立醫療決定可以依照意願人自己之意思，決定自己如果分別陷於在五種臨床條件下：「末期病人」、「處於不可逆轉之昏迷狀況」、「永久植物人狀態」、「極重

度失智」、「依法公告的重病無法醫治痛苦難以忍受」，
是否要接受或拒絕維持生命治療或人工營養及流體餵
養。

2. 意願人書面簽署預立醫療決定後，需經醫療機構核章證
明、公證人公證或是具完全行為能力之兩名以上見證人
在場見證，最後將醫療決定註記於健保卡內，因此預立
醫療決定需透過嚴格的程序、經詳細思考與評估後，才
可以生成正式書面文件。

（三）第三步：簽立以後

1. 意願人如果改變心意，根據病主法規定，隨時可以透過
書面撤回或變更所做的預立醫療決定。

2. 當意願人經過兩位具專科醫師資格之醫師確認、並經緩
和醫療團隊至少兩次照會後，一旦符合上述五種臨床條
件時，醫師應與還有意思能力的意願人確認其醫療決定
及範圍後，執行其所預立之醫療決定。

（四）最後由醫療機構**提供預立醫療照護諮商**，並於預立
醫療決定上**核章證明**，再經**公證人公證**或有具**完全行為能
力者二人以上在場見證**，最後註記於全民健康保險 IC 卡，
才算完成「預立醫療決定」而具有效力。

Q.68 若家人對於醫療照護有不一樣的想法該如何處理？

在醫院最常看見的除了是病人的哀嚎外，就是病人家屬在病房外的爭吵；很多都是因為家人對於病人的醫療照護不一樣，明明都是孝順和愛，卻因為意見不一爭吵，最後甚至反面成仇。且這樣的照護意見不一致，也會造成醫療團隊的困擾。因此就醫療照護不一樣的部分，有以下幾樣處理方式：

一、當病人與家屬間醫療照護不一致，建議依照《病人自主權益法》相關規定，讓病人可以在意識清楚的情形下，由醫療機構提供預立醫療照護諮商，並於預立醫療決定上核章證明，再經公證人公證或有具完全行為能力者二人以上在場見證，最後註記於全民健康保險 IC 卡，完成「預立醫療決定」效力。因此，在病人生命最困難的時候，由病人自己決定是否要接受進一步的治療。

二、倘若病人先前有書面選任「醫療委任代理人」，在病人意識昏迷或無法清楚表達意願時，**由代理人代理表達病人醫療意願**。代理人的權限包含「聽取告知」、「簽具

同意書」和「代理表達醫療決定的內容」；若醫療委任代理人有二人以上者，**兩位代理人都可以單獨代理意願人的意願**，所有內容都以 IC 卡裡的醫療決定為主。

三、倘若病人沒有預立醫療決定，但病人有受監護宣告並選任監護人，或者有做意定監護，由於監護內容必須以受監護宣告人的利益為最高指導原則，就如同父母是孩子的監護人般，所做的一切都必須遵守子女的最佳利益。因此在一般生活、醫療、養護等事宜上，監護人當然必須妥善照顧受監護宣告人，及尊重受監護宣告人的意見及感受，更普遍認為監護人對於受監護人有醫療行為同意權，負責受監護人醫療養護事宜。倘若有監護權人，就以監護權人的意見為主。如果其他親友覺得監護權人的決定不符合受監護人的利益，則可以向法院提出改定監護權。

四、最後如果沒有醫療決定註記，也沒有監護人，只有一堆意見不一致的親友，此時醫療行為能否使用多數決，恐怕會產生疑問。在醫療現場，有時會請最近親屬簽署手術同意書，若有簽署就進行手術；倘若親友意見不一，且無人願意簽署手術同意書，在醫療現場，怕生醫療糾紛，恐將延誤醫療。

chapter 06

家人罹患重大疾病，我們該怎麼辦？

Q.69 是不是父母都可以要求子女給付生活費用？

　　在現今社會中，青壯年本身都快養不活自己和家庭了，因此有人問，在法律上，兒女到底有沒有義務扶養長輩呢？答案或許會跟我們心中所想像的不太一樣！

　　需要先說明的是，法律所規定的扶養義務，只限於提供金錢上之給付，也就是說法律上所謂的扶養義務，只有規定要提供長輩維持生活之扶養費，其餘的照顧型態，例如生活上之探視和陪伴、飲食上之照料等均非法律上所謂之扶養義務。

　　既然「扶養費」是法律上的義務，那麼就需要符合法律的三個要件，「長輩自己沒錢，達到不能維持生活之程度」、「兒女要有足夠金錢養活自己及長輩」、「沒有扶養義務免除之理由發生」，符合上述三個條件，才能依法向兒女請求「扶養費」，以下分別介紹這三個條件：

⌖ 長輩自己沒錢，達到不能維持生活之程度

1. 根據《民法》規定，請求扶養義務之受扶養人，亦即想要請求兒女給付扶養費的長輩，需要達到「不能維持生活」之程度，才可以請求扶養。

2. 所謂「不能維持生活」，根據法院判決解釋，是指自己的金錢不足以維持自己的生活，甚至需要計算現在、未來之退休金。

3. 至於名下有房產自住，但沒有足夠現金可以生活，是否算是無法維持生活？在司法上有不同見解，但多數法院見解認為：如果只有一筆自住房產，且屋齡非輕，自不能強求本人出租、出售；如果父母又沒有其他足夠的經濟來源，即符合不能維持生活的要件，得向子女請求履行扶養義務。

⌖ 兒女要有足夠經濟能力養活自己及長輩，但子女若無法扶養父母，可以請求減輕義務

根據《民法》規定，需要負擔扶養義務之人，原則上

如果因為扶養他人而使自己不能維持生活，即可免除扶養義務；然而如果要扶養的對象是直系血親尊親屬或配偶時，就不能免除，只能減輕。

⊙ 沒有扶養義務免除之情事發生

許多案例中，小時候爸媽外遇離家，根本沒有照顧自己，甚至家暴傷害，當父母老了，卻反過來要求扶養，是否合理？

面對這個問題，《民法》第1118條提出解套方案，如果符合這個條文之要件，例如當兒女未成年時沒有盡到扶養兒女之義務等情形發生時，或者對兒女有家暴等情形，兒女是可以向法院請求減輕，甚至請求免除扶養義務的。

綜合上面所述，想要養兒防老的人，前提是自己得生活困難，且子女有能力扶養；更在兒女年幼時，有好好扶養小孩，這樣才能要求子女負扶養責任。但我想父母與子女的扶養，若出於孝順的甘心樂意才是一樁美事。

Q.70 是不是所有親人間都需要給長輩生活費用？

　　是否所有親人都要給長輩生活費用呢？根據法律的規定，關於扶養義務該如何進行，有詳細的先後順序：

✒ 哪些人之間需要扶養呢？

　　根據《民法》第 1114 條規定，下列關係人彼此需互相負有扶養之義務：

1. 直系血親之間。例如父母及其子女之間、爺爺奶奶和孫子女之間。
2. 如果結婚後和對方之父母同住，則同住之人相互間都需要互相扶養。
3. 兄弟姊妹之間。
4. 家長家屬之間。法律上對於「家」有特殊之定義，根據《民法》第 1122 條，家是指以永久共同生活為目的而同居之親屬團體，因此不一定會是有血緣關係之人。

⊙ 怎樣的條件下可以請求扶養？

　　請求扶養之人需要「陷於不能維持生活」並且「沒有謀生能力」，但如果是**直系血親尊親屬**，例如扶養年老之父母親，只需要符合「不能維持生活」之條件，也就是說，兒女不能因為自己的長輩還有工作能力，就逼父母出門工作而不盡扶養義務。

⊙ 扶養義務的人有很多，扶養的先後順序是？

1. 根據《民法》第 1115 條規定，扶養義務之順序為：直系血親尊親屬（即該長輩的子女、孫子女）、配偶→直系血親卑親屬→家長→兄弟姊妹→家屬→子婦、女婿→夫妻之父母。

　　由上可知，長輩之子女會是第一順位需要盡到扶養義務之人，且依法律規定，親等近者先扶養，也就是長輩之子女要優先於該長輩的孫子女，先盡到扶養之義務。

2. 因此，雖然說現在有許多隔代教養家庭，由爺爺奶奶帶大的孫子女不在少數，但祖孫感情再好，仍不能跳過兒女，直接要求孫子女優先負擔扶養義務。例如，第二代

的父親、叔叔、姑姑等人，不能向第三代之子女提出「小時候都是爺爺奶奶帶大你們的，你們應該要盡孝道去扶養爺爺奶奶」等要求。總而言之，**家中長輩所有子女都應該要負擔長輩維持生活之扶養費用，且是最優先需要去扶養該長輩、優先盡到扶養義務之人。**

綜合上述法條觀察可以知道，對於年長之父母，法律是相當保護的。長輩不但不需要無謀生能力就可以請求扶養，也是兒女最優先需要扶養之對象，因此，所有的子女對於失去維持生活能力的父母，都需要盡到扶養義務。

Q.71 長輩的安養照護費用，該由誰來支付？

　　不少長輩固定跟某位子女一起住（可能是長子或沒有結婚的子女），但後來因為種種原因需要聘請外傭或讓長輩住進安養中心，但這些費用該由誰來負擔呢？就此問題，應先判斷聘請外勞或是到安養中心**是否為維持生活所必要之花費**。

　　此判斷需根據個案而定，有些人賦閒在家但主張「我先生不讓我爸媽到我家住，他說因為我是女兒……」，也有家中寬廣且有多餘空間，但主張「我老婆跟我爸媽關係不佳，真的不太方便……」；有人過去雖然跟長輩一起住，但現在因為身心狀況或工作因素，無法再與長輩同住，此時不得已只好將父母送到安養中心。無奈安養中心的費用不低，因而可能會引起兄弟姊妹跳腳，主張根本不需要此筆花費！

　　其實關於該如何扶養，法條中有規定，就「扶養之方法」應該由當事人協議，不能協議時則可由親屬會議來定之。該條文後半段是指當事人決定用「給付扶養費」當作

扶養方式時，卻不能協議出該如何分配扶養費之給付，才請求法院酌定之。

但確實也有可能將父母送至安養中心或是聘請外勞，是屬於照顧長輩所必要之花費。若以扶養需以「生活陷於困難」為要件，原則上應由父母本身財產先行支付，在父母無法支應的情形下，再由負扶養義務之子女一同分擔。

曾有司法判決，主要照顧者（弟弟）向其他未照顧者（姊姊）請求爸媽之扶養費，其中就包含爸媽的安養中心費用，然而雙方沒有就父母之扶養方式先協議過，因此被告姊姊先是抗辯雙方沒有協議，後也抗辯沒有將母親送至安養中心之必要，此筆安養中心費用不應該向她請求。然而經過法官判斷後，審酌老夫妻照顧狀況以及老母親的身體狀況後，認定將母親送到安養中心為必要之扶養費用，因此裁判被告姐姐也需要負擔該筆費用。

綜上所述，原則上以父母本身財產為首先支付，若無法負擔，關於扶養之方法，原則上是根據當事人之間共同協議而決定。然而即便沒有協議，也不能直接用沒有協議這個理由當作不願意扶養之抗辯，法院還是會審酌個案，認定照顧長輩之費用是否為必要、請求之金額是否合理，且照顧長輩的費用總額分擔，會依照扶養義務人的經濟能力做比例的分擔酌定。

Q.72 如果長輩跟某一子女同住，他可否向其他子女要求支付長輩的生活費用？

基本上成年子女對於父母的扶養義務，在法律上多是以金錢的供給為主要項目，如果都是某一位兒子或女兒在照顧家中長輩，其實是有權利向其他未照顧長輩的兄弟姊妹請求一起負擔扶養費的！

請求扶養費的途徑

1. 以長輩本人為原告，請求未盡到扶養義務之子女履行扶養義務之責任：此種方法之前提是長輩本人願意向子女提告；亦即如果長輩意識還清楚，且未受到監護宣告、輔助宣告等，就需要經過長輩本人之同意，依其自身之意思來向子女提告。

2. 以自己之名義，向兄弟姊妹提起不當得利之訴訟：如果長輩都是自己在照顧而其他兄弟姊妹漠不關心，自己已經支出相當大筆之扶養費，此時可以根據《民法》第 179 條之不當得利之法律關係，向兄

弟姊妹請求自己已經代墊之扶養費。例如第一個實
務見解，便是向兄弟姊妹請求已經付出的扶養費。
然而此種訴訟僅為處理「過去已經代墊之費用」，
並非請求兄弟姊妹履行未來之扶養義務，因此如果
是希望過去已支付的扶養費請求兄弟姊妹一起負
擔，又希望其餘兄弟姊妹未來也要盡到扶養義務，
就需要綜合上面兩種訴訟，一起向法院提出訴訟。

◎ 扶養義務該如何分擔？

至於扶養義務該如何分擔，應該要依照個案認定，審
酌各應負扶養義務人之經濟能力與身分、受扶養者之需要
等；經過法院綜合考量後，決定需要扶養到什麼程度，並
且每位需盡到扶養義務之人該如何分擔。

1. 傳統觀念上，有些人認為女兒就像潑出去的水，不應該
   要負扶養義務；也有些人認為長子、長媳一家身為男生
   又是老大，應該要負擔最大的扶養義務等等，然而這些
   都不是法律上正確的觀念，所有的子女都應該要負擔扶
   養義務，沒有什麼男生才要負擔、嫁出去的女兒不用負
   擔等道理。

2. 扶養費該如何分配，法院會仔細審酌每個人之年齡、經

濟狀況等來分配負擔扶養義務之比例，也沒有所謂長子、長媳就無條件需要負擔較高比例之慣例。

3. 負擔扶養費之子女可以向其他未負擔長輩扶養義務之兄弟姊妹請求；而每個人應該分擔多少之比例，會由法官根據個案裁量分配，不會單單因為性別、家中排行等因素就免除或是加重扶養義務。

Q.73 萬一子女都沒有錢支付長輩生活費，該怎麼辦？

每每看到因為照顧長輩心力交瘁、沒錢繼續走下去而選擇自殺等社會悲劇的新聞，總讓人鼻酸。大家都希望在年老時可以受到妥善的照顧，無奈事與願違，龐大的醫療支出、照顧成本都將整個家族壓得喘不過氣，如果真的無錢支付長輩生活費用，該如何是好？

根據《民法》第 1118 條規定，對於需要扶養的直系血親尊親屬，就算是不能維持自己生活的子女，仍不能完全免除扶養義務，頂多只能減輕扶養義務，在法律上這樣嚴格的義務叫做「生活保持義務」。在法律層面上，一個部分其實是規定：身為子女，就算沒錢，要與長輩一起吃不飽，也不能拋棄需要扶養之長輩。

然而如果長輩因為其配偶、直系血親卑親屬等人之疏忽、虐待等情事，導致其生命、身體、健康或自由發生危難者，各縣市政府得依老人申請或依職權予以適當保護及安置。此筆支出政府仍有權利跟老人之配偶、直系血親卑親屬（即被安置之長輩的子女）等人要求返還相關費用。

這樣看起來，似乎無論如何，長輩的生活費都需要由子女負擔，且依據《老人福利法》第 41 條第 4 項規定，倘若該長輩的配偶、子女等人真的有無力負擔等情形，政府可以減輕甚至減免相關安置費用，不跟家屬要求返還。

如果子女因為過去長輩對他有虐待或者有未照顧等狀況，向法院提出免除扶養義務訴訟，經法院免除扶養義務，那麼他對於長輩的各樣費用是沒有給付的義務。

因此在實務上，不少長輩在政府養護機構，由社工代長輩向配偶或子女請求支付養護費用，若子女有免除扶養義務，或者就算訴訟確認子女有扶養義務，但子女名下無財產可執行，該費用仍由政府代為支付。

這是個龐大的社會議題，需要社會各個層面一同幫助，其實現在有許多資源，例如各地方政府的社會局、許多民間機構（例如中華民國家庭照顧者關懷總會等），有許多資源可以幫助我們度過難關。

Q.74 惡婆婆老了，苦命媳婦居然還要扶養她！？

曾遇到一個案例，老公跟人跑了，媳婦跟公婆住，但婆媳感情不佳，自己的兒子不知跑到哪裡快活去，卻要苦命媳婦繼續扶養公婆。因此有人問，媳婦有義務扶養公婆嗎？反之，女婿有無義務扶養岳父母？

根據《民法》第 1114 條，下列關係的人彼此是需要互相負有扶養之義務：

1. 直系血親之間。
2. 夫妻之一方與他方之父母同居者。
3. 兄弟姊妹之間。
4. 家長家屬之間。

由上述法條規定可知，如果媳婦嫁入夫家中與丈夫之父母同住，則媳婦與公婆間是有互相負扶養義務的。相同的，如果是丈夫與妻子的父母同住，女婿與岳父母之間也需要互相負扶養義務。

然而法律所規定的扶養義務，是有先後順序的，如果

公婆已經不能維持自己生活，需要有人扶養，按照《民法》第 1115 條，公婆的子女、孫子女為第一順位需要去盡扶養義務，照顧長輩，使其可以維持生活。而根據該條文，「子婦、女婿」之順位排在第六順位，也就是說需要前五順位的人都無法盡到扶養義務之時，法律才會要求媳婦、女婿來對公婆／岳父母負擔法律上之扶養義務。

另外，如果真的因順位輪到媳婦來負擔扶養義務，但過去長輩是個不斷欺負媳婦的惡婆婆，媳婦可不可以主張不要扶養呢？根據《民法》規定，若有以下情形之一，可以請求免除扶養義務或酌減：

1. 對負扶養義務者、其配偶或直系血親故意為虐待、重大侮辱或其他身體、精神上之不法侵害行為。
2. 對負扶養義務者無正當理由未盡扶養義務。

如果婆婆確實對媳婦本人或是其特定親屬有故意虐待、重大侮辱等情形，並且媳婦有證據（包含人證或錄音、照片、驗傷單或保護令等物證），是可以請求法院來減輕甚至免除扶養義務的。

總結來說，法律層面上雖然規定和公婆／岳父母同住的媳婦、女婿需要負擔扶養義務，然而法律所規定的扶養順位卻是排在後面，所以原則上法律其實是要求長輩的子

女、孫子女要先履行扶養義務。然而實際生活中，往往需要媳婦、女婿一同負擔家中長輩的生活起居。我們也都需要轉念，把公婆／岳父母當做自己父母來尊敬、照顧，長輩也需要把媳婦、女婿當做自己家人來疼愛，家庭中唯有彼此相愛、彼此照顧，才是維持和諧的不二法門。

Q.75 不願意支付生活費用的子女，是否可以讓他喪失繼承權？

　　不願意支付生活費用的子女，還能享有繼承權嗎？這個問題一直在扶養上被討論，且認為繼承與孝道應有關聯性，但事實上除非喪失繼承權，否則繼承人在繼承發生時，都可以繼承遺產。

　　喪失繼承權之原因，其中一項為「對於被繼承人有重大之虐待或侮辱情事，經被繼承人表示其不得繼承者」；因此這篇最主要需要討論的就是，「不願意支付長輩生活費、未盡到扶養義務」，可不可以當做是「有重大虐待或侮辱」呢？

　　實務上，曾有判決認為所謂虐待，是指讓被繼承人以身體上或精神上痛苦之行為，且不以積極行為為限，更包括消極行為在內。**另外，法院的實務判決，針對「虐待」，也有衍生解釋，認定有扶養義務卻惡意不給予扶養、也不探視的繼承人，也算是虐待，因此消極行為也可能會屬於所謂虐待。**

　　然而《民法》有關於喪失繼承權條款中，其中一個條

件是需要「經被繼承人表示其不得繼承」，**這個「表示」除以遺囑為之者外，為不要式行為，也就是沒有規定必須一定以何種形式來表達意思，也無須對於特定人為表示；**所以倘若要以此條款讓沒有盡到扶養義務的某位不孝子女喪失繼承權，需經過意識清楚之長輩本人明確表示：因為自身遭受精神上之痛苦等，所以要讓子女喪失繼承權，且直到長輩過世前，均沒有對該子女表示宥恕、原諒者，才有可能根據本條款使該子女喪失繼承權、無法繼承長輩之財產。至於是否真的達到「重大虐待或侮辱」，仍然需要經過法院的個案認定。

另外還需要注意的就是代位繼承，也就是說，如果該名未盡扶養義務之子女已經有了小孩（孫輩），那麼即使長輩對於該子女表示其喪失繼承權，但因為有《民法》第1140條之代位繼承制度，使該子女之小孩仍有代位繼承之權利。此作法乃為避免兒子／女兒所犯的錯，孫子也要一同承擔。因此如果長輩真的希望那名沒有盡到扶養義務之子女及該宗孫子等一同喪失繼承權，需要證明該孫子也有重大虐待或侮辱的情況，並且一併表示孫子亦喪失繼承，才算是完整讓該子女完全喪失取得財產的可能性。

虐待

對負有扶養義務而惡意不予扶養者，於被繼承人長期臥病在床，繼承人無不能探視之正當理由，至被繼承人死亡為止，始終不予探視者，衡諸我國重視固有倫理，足致被繼承人承受精神上莫大痛苦之情節，應認有重大虐待之行為。在個案中，子女因各樣原因離家後，幾年來去向不明，在父母臥病至死亡期間，未曾予以照顧，甚至父母死亡後亦未返家協助料理後事，顯然已嚴重違背我國親子倫理，可認為使父母承受精神上莫大痛苦。在這判決中認定，該情節應已構成對於被繼承人有重大虐待行為之程度，因此應喪失對被繼承人之繼承權。最高法院 74 年台上字第 1870 號判例。

Q.76 小時候爸媽都沒照顧我，老了卻要我養他？

　　如果父母親在自己年幼時，完全沒有盡到父母應該負的責任（包含年幼即外遇離家或因賭博棄家完全沒有扶養），甚或自幼家暴、性侵子女，卻在他年老時，反過來請求兒女要盡到扶養義務，是不是相當不合理呢？

　　依照現行《民法》第 1118 條之 1 規定，受扶養權利者有下列情形之一，由負扶養義務者負擔扶養義務顯失公平，負扶養義務者得請求法院減輕其扶養義務：

1. 對負扶養義務者、其配偶或直系血親故意為虐待、重大侮辱或其他身體、精神上之不法侵害行為。
2. 對負扶養義務者無正當理由未盡扶養義務。

　　受扶養權利者對負扶養義務者有前項各款行為之一，且情節重大者，法院得免除其扶養義務。

　　依前二項規定，受扶養權利者為負扶養義務者之未成年直系血親卑親屬者，不適用之。

　　由法條規定可知，在以下狀況，可以向法院聲請免除

扶養義務：

1. 該長輩曾對需要盡到扶養義務之子女本人、該子女之配偶、小孩，甚至是對其父母有重大侮辱、或是身體、精神上之不法的侵害行為。

2. 對子女沒有正當理由而未對其盡到扶養義務者。至於是否真的有重大侮辱、身體精神上之侵害，或是否有未盡到扶養義務等，乃至於是否為「情節重大」，足以達到完全免除扶養義務之結果，均仰賴法院之判斷。

　　目前實務上，倘若老父（母）在年輕時未照顧子女，甚至還有家暴等情形，之後雙方根本沒有往來。然而父親於老後卻提告女兒要求其盡到扶養義務，必須照顧他。倘若子女可以舉證出在自己年幼時，父（母）沒有照顧自己，例如父母將子女交給長輩照顧後便離家或再婚，對子女未曾聞問，親友皆可出來作證，此時法院傾向讓子女完全免除對該不負責任之長輩之扶養義務。

　　因此，想要自己年老後不被兒女拋棄，前提是自己要在兒女需要照顧時好好盡到父母的責任。相對的，若父母盡心盡力把自己拉拔長大，在他們年老時便輪到我們好好照顧他們了。許多事情若能以愛為出發，而非以冷冰冰的法律相互攻擊，家庭中、社會裡就會更多的溫暖與美好。

Q.77 如果繼承人先行支付醫療費用，未來可以在遺產裡請求嗎？

不少案例是家人住院，然後由同住的孩子或是較有財力的孩子，先幫住院的家人支付醫療費用，想說日後再從遺產裡扣回來，卻在遺產繼承時與各繼承人有紛爭，有人說這是孝心的表現，怎麼可以再跟死人要錢呢！又有人說這不是遺產費用，不得要求從遺產中支付。試問在這樣情形下，是否可以向繼承人們請求呢？

一、依照《民法》第 1150 條規定，關於遺產管理、分割及執行遺囑之費用，由遺產中支付，但因繼承人之過失所支出之費用，則不得由遺產支付。

　　1. 遺產管理費用。包含遺產之保管費用、訴訟費用、遺產管理人之報酬、編製遺產清冊之費用等。

　　2. 遺產分割費用。例如裁判分割所需的費用。

　　3. 遺囑執行之費用。例如遺囑執行人之報酬。

　　4. 被繼承人死亡前的住院醫療和看護費用。這不屬於「遺產費用」，不能以「遺產費用」的名義要求從

遺產支付。

二、依照《遺產及贈與稅法》規定，可扣除項目中並沒有的醫療費用項目，但若被繼承人死亡前未償債務，具有確實證明者，可自遺產總額中扣除之規定。

　1.被繼承人生前應給付醫療院所的醫療費用，若在死亡後才給付者，可以視為被繼承人之未償債務，自遺產總額中扣除，免徵遺產稅，但於生前已給付者則不適用。

　2.如果生前已經由家人代為給付，這費用的墊付究竟是單純代墊還是一種孝親贈與？

　　（1）如果是孝親贈與：原則上當然就沒有債權債務的產生，也就無法請求從遺產裡支付。

　　（2）如果是單純的代墊：由於被繼承人生前有財產，此時家人原則上並無為其負擔醫療費用之義務，就此可以請求從遺產裡支付。

Q.78 身障卡和重大疾病卡有何差別？

　　當長輩親友患有身心疾病，且符合身心障礙或重大疾病標準，就可以申請「身障卡」或「重大疾病卡」，這兩種卡的福利功能不一樣，說明如下：

✍ 身心障礙者有什麼福利？

　　目前地方政府會依據：家庭經濟狀況、身心障礙嚴重程度、需求評估結果等，提供經費補助及福利服務，如：

1. 身心障礙者生活補助
2. 社會保險保險費補助
3. 輔具費用補助
4. 子女就學費用減免
5. 身心障礙者專用停車位、識別證車輛牌照和停車費優惠

✒ 為何需要申請身心障礙證明?

1. 所謂身心障礙,是指身體系統構造或功能有損傷或不全,影響其活動與參與社會生活,經身心障礙鑑定,並領有身心障礙證明者。

2. 至於身心障礙,會從身體系統構造及功能分為八類;活動與參與社會生活共有八領域(以成人為例):
   (1)第一類　神經系統構造、精神、心智
   (2)第二類　眼、耳
   (3)第三類　聲音、言語
   (4)第四類　循環、造血、免疫、呼吸
   (5)第五類　消化、新陳代謝、內分泌
   (6)第六類　泌尿、生殖
   (7)第七類　神經、肌肉、骨骼
   (8)第八類　皮膚

3. 當因創傷或罹患慢性精神、神經系統或內外科疾病,導致身體構造及功能損傷,經積極治療,仍明顯失能或長期(一年以上)失能者即符合身心障礙鑑定基準者;因障礙情況有改變者,就可以申請身心障礙證明。

4. 為何需要申請身障證明,因為政府給予多種優惠,要享受該等優惠,就需要有身障證明。

⟨✒⟩ 那重大傷病卡又是什麼？

1. 重大傷病卡也稱為重大傷病證明，目的是為了減輕罹患重大疾病患者的醫療開銷，只要符合「重大傷病範圍（30大類、400多細項）」的疾病即可提出申請。現行核發的證明註記於健保卡內，惟第六項疾病（慢性精神病）會發給書面證明。

2. 領有重大傷病證明的患者，於有效期間就醫可減免該疾病的部分醫療費用。若患者有規劃「重大傷病險」，在取得重大傷病證明後，即可向保險公司申請理賠（除去8項除外事項）。

3. 除了許多急難救助金的申請之外，最主要的就是能節省醫藥費、掛號費、自行負擔費用等，只需要付自費項目以及掛號費即可。一般來說，若是申請到重大傷病卡，住院時許多費用都能免除。但這只限跟重大傷病有關的疾病才可減免，若與此疾病無關的就必須要自行付費；另外，自費的醫材、病房升等費用也不能減免。

4. 醫療費用的減免，通常需要在結帳時出具此證明。

Q.79 長照 2.0 該怎樣運用？

這幾年大家一定聽說過長照（長期照護），甚至也聽說過長照 2.0。「長照 2.0」究竟是什麼？也就是隨著人口老化與照顧服務需求多元化，因應失能、失智人口增加所衍生之長照需求，提供從支持家庭、居家、社區到住宿式照顧之多元連續服務，建立以社區為基礎之長照服務體系，以回應高齡化社會的長照問題。

✒ 長照 2.0 究竟服務哪些對象？（共服務 8 種對象）

一、長照 1.0 服務對象：65 歲以上失能長者、55 歲以上失能山地原民、50 歲以上失能身心障礙者、65 歲以上 IADL（失能狀態評估）獨居者。

二、長照 2.0 新增服務對象：50 歲以上失智症患者、55 歲以上失能平地原住民、49 歲以下失能身心障礙者、65 歲以上衰弱者。

⬙ 長照 2.0 提供哪些服務：共提供 17 項服務

一、長照 1.0 服務項目：照顧服務／居家護理／復健服務／
　　喘息服務／交通接送／輔具服務／營養餐飲／機構服務

二、長照 2.0 新增服務項目：失智照顧／原住民社區整合／
　　小規模多機能／照顧者服務據點／社區預防照顧／預
　　防／延緩失能／居家醫療／延伸出院準備／社區三級
　　整合服務

⬙ 長照 2.0 補助對象

　　所有長照項目基本上都可以申請使用，但若要適用補
助，就需要符合「長照等級必須在第 2 級以上」，且符合
下列情形之一：65 歲以上老人、領有身心障礙證明者、
55 ～ 64 歲原住民、50 歲以上失智症者。

⬙ 長照 2.0 補助項目有哪些？

　　主要補助項目分為 4 大項，依據失能等級及收入條件
提供不同補助金額：

1. 照顧及專業服務項目（居家照顧、社區照護、專業服務等）

1 級失能者不提供補助；2～8 級分別補助 10,020 元／月～36,180 元／月；一般戶部分負擔 16%；低收入戶全額給付；中低收入部分負擔 5%。

2. **交通接送給付項目協助**（往返醫療院所就醫或復健）
   僅限 4 級以上失能者，依據交通里程給予 1,680 元～2,400 元補助；一般戶部分負擔 21%～30%；低收入戶全免；中低收入部分負擔 7%～10%。

3. **輔具服務與居家無障礙環境改善項目**（居家生活輔具購置或租賃居家無障礙設施改善）
   以 3 年為單位，每次最多補助 40,000 元；一般戶部分負擔 30%；低收入全額給付；中低收入部分負擔 10%

4. **喘息服務**（提供短期照顧服務，讓家庭照顧者獲得休息）
   2～6 級補助 32,340 元／年，7～8 級補助 48,510 元／年；一般戶部分負擔 16%；低收入全額給付；中低收入須部分負擔 5%。

✒ 長照 2.0 補助怎麼申請？

1. 撥打 1966 長照服務專線
2. 自洽當地照護管理中心
3. 醫院出院準備服務轉介

chapter 07

家人身心無法
處理事務，
該怎樣保障？

Q.80 要如何聲請監護宣告或輔助宣告？

　　失智已經是目前越來越不能忽視的家庭問題，面對越來越多失智長者被誘騙進行高額消費等，家人防不勝防，時常前來詢問有關「如何讓法院宣告他們沒有行為能力」，也就是「監護宣告」或「輔助宣告」。

✒ 何謂「監護宣告」、「輔助宣告」？

　　在聲請監護宣告或是輔助宣告之前，需先了解什麼是監護宣告、輔助宣告？

1. 監護宣告

　　根據《民法》第 14 條，是指有人因為精神障礙或是其他心智上等缺陷，導致其認知上產生缺陷，以致於其不能正常的去表達、或是接受他人之表達，在判斷、認知等各樣法律上行為已經有嚴重之能力不足。於這樣的情形下，經過聲請專業醫師鑑定後，認為當事人之認知功能能力已經嚴重退化到類似七歲以下的孩子，無法正確表達或是接

受他人之表達，由法院給予之監護宣告。

2. 輔助宣告

根據《民法》第 15 條之 1，是指有人因為認知、判斷上有障礙，但是生活上仍有自理的能力，例如較為輕度之失智、輕度之智能障礙者等，只是其在表達自身意思、接受他人意思上之能力略有不足，卻非完全失去能力者，法院就會給予輔助宣告。

✒ 輔助宣告和監護宣告該如何聲請？

聲請輔助宣告以及監護宣告之手續其實差不多，都是循以下方式進行聲請：

1. 誰可以聲請？

應受監護／輔助宣告之本人、配偶、四親等以內之親屬（亦即父母、祖父母、子女、孫子女、兄弟姊妹、堂兄弟姊妹等）、最近一年有共同居住事實之其他親屬、檢察官、直轄市縣（市）政府或社會福利機構。需特別注意的是，新修法後，針對「監護宣告」，多了「輔助人、意定監護受任人或其他利害關係人」可以提出聲請。

2. 去哪裡聲請？

根據《家事事件法》第 164 條、第 177 條規定，要向應

受監護／輔助宣告之人住居所所在地之法院聲請。

3. **要準備什麼東西？**

（1）聲請監護宣告或是輔助宣告的費用，根據《家事事件法》準用非訟事件法，需要繳納新台幣 1000 元。

（2）聲請書，並應在其中表明聲請之原因、事實。

（3）附上應受監護／輔助宣告之人的診斷書或身心障礙手冊等。

（4）應受監護／輔助宣告之人、聲請人、擬擔任監護／輔助人／會同開具財產清冊之人之戶籍謄本。

（5）其他足以證明、幫助聲請之文件。

4. **聲請之結果**

（1）法院會藉由開庭、委請專業醫師進行鑑定後，做出一份民事裁定。

（2）至於裁定之結果，則是依照醫師鑑定之結果以及法院法官之判斷後決定。如果法院認為確實如同聲請人所聲請者，可能會依照聲請者的意思做出監護宣告／輔助宣告之判斷。然而，也可能認為沒有到聲請人所述應給予監護宣告那麼嚴重，而給予輔助宣告，上述實務判決就是當事人聲請監護宣告，法院卻給予輔助宣告之案例；當然，若法院認為情形比聲請人所述更加嚴重，雖聲請輔助，卻給予監護宣告，都是有可能的。

（3）收到裁定後，就可以到戶政單位去做戶政之登記。

Q.81 被監護／輔助宣告之後對長輩的權利有何影響？

　　面對家屬開始出現退化或老番癲的狀況，甚至開始有在外闖禍的現象，我會建議他們考慮去看神經內科，看看是否有失智前兆，並且會要規劃不少財產的事情，但他們擔心的是「我被宣告之後是不是代表我就被當作廢人，什麼事情都不能做了」。

（一）監護宣告

1. 對於長輩經過醫師鑑定後，認為當事人之認知功能能力已經嚴重退化到類似七歲以下的孩子，無法正確表達或理解他人表達，此時法院認定其為無行為能力時，即會給予監護宣告，因此受監護宣告之人所為的所有法律行為，都需要透過法院所選任的監護人來代替他進行法律行為，受監護人自己沒有辦法做出有效之法律行為。

2. 法院處理的是「法律行為」，大部分都是與財產處分等有關的行為，至於親屬法上的「身分行為」，也就是例如：結婚、認領等行為，不必具有完全行為能力。只要能理

解結婚（身分行為的舉例）之意義及其效果之能力已足，即以有意思能力已足，不必有行為能力……因此，受監護宣告之人於回復常態有意思能力時，仍得自行為結婚之身分行為，而不得由監護人代理申請辦理結婚或認領等登記。

（二）輔助宣告

1. 受輔助人之狀態為類似限制行為能力人，因此仍然能夠自己為一些日常上所必須之行為，並且亦能單純接受他人之贈與。然而為了保護他的財產，法律針對某些在法律上為重大的行為，需經過輔助人之同意，才能夠生效。

2. 依照《民法》第 15 條之 2：

受輔助宣告之人有下列行為時，應經輔助人同意。但純獲法律上利益，或依其年齡及身分、日常生活所必需者，不在此限：

（1）為獨資、合夥營業或為法人之負責人。

（2）為消費借貸、消費寄託、保證、贈與或信託。

（3）為訴訟行為。

（4）為和解、調解、調處或簽訂仲裁契約。

（5）為不動產、船舶、航空器、汽車或其他重要財產之處分、設定負擔、買賣、租賃或借貸。

（6）為遺產分割、遺贈、拋棄繼承權或其他相關權利。

（7）法院依前條聲請權人或輔助人之聲請，所指定之其他行為。

第七十八條至第八十三條規定，於未依前項規定得輔助人同意之情形，準用之。

第八十五條規定，於輔助人同意受輔助宣告之人為第一項第一款行為時，準用之。

第一項所列應經同意之行為，無損害受輔助宣告之人利益之虞，而輔助人仍不為同意時，受輔助宣告之人得逕行聲請法院許可後為之。

（三）監護宣告和輔助宣告，並不是要剝奪失智者或長者的權利，而**是要保護失智者財產上不受欺騙或誤導而做出不當處置**，並且監護宣告和輔助宣告**只針對財產行為，對於非財產行為並不在限制範圍**。

Q.82 聲請監護／輔助宣告後，要如何選任監護／輔助人？

其實在幫家人聲請監護宣告或是輔助宣告時，被宣告不是目的，為家人選任合適的監護人或輔助人才是目的，因為做宣告和選任的目的都是要讓家人的財產和生活能過得更好。

誰可以聲請宣告？

本人、配偶、四親等內之親屬（即父母、祖父母、子女、孫子女、兄弟姊妹、堂兄弟姊妹等）、最近一年有共同居住事實之其他親屬、檢察官、直轄市、縣（市）政府或社會福利機構。

宣告後誰可以成為監護人選？

根據《民法》第 1111 條，法院會在「配偶、四親等內之親屬、最近一年有同居事實之其他親屬、主管機關、社

會福利機構或其他適當之人」這些人選中，選定監護人；且當法院認為有必要時，甚至可以選任不只一人，來共同擔任監護人。

⊛ 法院選任考量的因素

1. 當法院受理了聲請案件後，會依照醫師專業的判斷，也會根據其專業之判斷，經過詳細審酌後，來決定是否給予監護／輔助宣告。同樣的，法院會選定該由誰來擔任監護／輔助人最為合適。

2. 根據《民法》第 1111 條之 1，法院會審酌「受監護宣告之人之身心狀態與生活及財產狀況」、「受監護人與配偶子女或其他共同生活之人間之情感狀況」、「監護人之職業、經歷、意見及其與受監護宣告之人之利害關係」，如果要選任法人擔任監護人，也會考量「法人事業之種類與內容，法人及其代表人與受監護宣告之人之利害關係」。為了受監護宣告之最佳利益來選定監護／輔助人，法官通常會委請社工或程序監理人或家事調查官協助法院進行訪視和調查，出具專業的判斷意見，再交由法院依照職權做出選任監護人之判斷。

3. 不少此類選任監護人的案件中，家人可能都各有不同意

見，在審理監護／輔助宣告案件的過程中，如果應受監護／輔助宣告之人還能夠到庭陳述意見的話，法官通常會將他請到法院，並親自詢問其本人之意見。若還能清楚陳述其心中意願，法院會特別尊重受監護／輔助宣告之人的意見，也就是說，應受監護／輔助宣告之人其意見，會是法院考量之眾多因素中，極重要的因素之一。

4. 倘若長輩本人的意見與子女期待之人選有所不同該怎麼辦呢？便需要在審理過程中提出各樣證據（包含各種人證和物證，說明為何我方建議的監護人選比較符合長輩的最佳利益）。在這類案件中，千萬要記住，不是「詆毀對方推薦的人選如何不適任」，而是要提出「我方的人選如何的適任」的證據，始能夠說服法官選任我們心中認為適合的監護／輔助人。

Q.83 我可以自己決定誰來擔任我的監護權人嗎？

　　一般我們講的監護宣告、輔助宣告，都是由法院來選任監護人和輔助人；但是法院所能選任的，根據法條就是必須從配偶、四親等內之親屬等等人選中選出；如果不想讓這些人擔任自己失智後的監護人，有沒有辦法自己選擇呢？《民法》新規定之「意定監護」制度，就是讓我們可以在自己意識還清醒時，選任未來倘若自己受到監護宣告時，由何人擔任自己的監護人，並且還可以約定該如何來從事監護工作。

✒ 意定監護的目的

1. 是本人可以在自己意識清楚、有完整的意思能力時，和希望未來擔任自己監護人之受任人一人或數人，簽訂「意定監護契約」，約定當本人受監護宣告時，由該受任人來擔任自己的監護人。
2. 這個人選可以不限於法條所規定之監護人人選，讓受監

護人自行找到信任的朋友等來擔任意定監護人，甚至還可以在契約中約定好數位監護人該如何分工，倘若未約定，就會共同執行監護工作職務。

3. 如果契約中有特別約定，意定監護人關於管理財產，甚至可以不受到《民法》第 1101 條 1 項、2 項之拘束，可說是相當尊重設立意定監護的本人意願。

⒜ 意定監護之效果

完成意定監護後，當本人有應受監護宣告之情況發生時，法院就會依照意定監護契約所約定之人選、方式來宣告。

1. 意定監護契約必須在本人還意識清楚時訂定才算是有效，通常會想要訂定意定監護，便是不希望法條所規定的人選成為自己的監護人時才會使用此制度；因此法條所規定之人選，很有可能會爭執該意定監護契約之有效性，尤其是訂契約時，本人有失智狀態，雖然當時意識尚清楚，但容易產生爭執。

2. 由於意定監護是在本人已意識不清，要酌定監護人時才發生，為避免日後爭議，建議在簽訂意定監護契約時，要錄音錄影、本人親自簽名等，以證明簽訂時本人還處

在意識清楚之狀態下。即使完成上述程序、有了有效的意定監護契約，法院仍然有權去評估該意定監護之受任人究竟適不適任。

3. 是否有了意定監護契約，就真的可以完全依照自己的意思來選任自己的監護人？只能說，「原則上」可以，但是若家人在日後有爭議，總體仍由法官依職權判斷決定。

Q.84 如何辦理意定監護？

　　「我可以自己選擇以後被誰照顧」這是意定監護想落實的理念，也因此它的流程並不複雜。

⚬ 意定監護辦理流程

　　辦理流程：從簽約到正式執行監護任務，只需要這簡單 4 步驟：

1. 委任人（本人）與受任人（意定監護人）簽署意定監護契約。

   意定監護涉及委任人日後照護以及財產管理，是很正式的契約行為，為避免未來有爭議，法律規定必需訂立書面契約，不可以用口頭契約取代。

2. 委任人與受任人親自辦理意定監護公證，作成公證書。

   辦理意定監護，需要雙方都親自在公證人面前做成公證書，不能委託其他人代替出席公證。

3. 當委任人本人發生需受監護宣告時，就要聲請監護宣告。

意定監護委任人需被鑑定為喪失識別能力，聲請權人為委任人聲請監護宣告

4. 監護宣告後，由意定監護的受任人擔任委任人的監護人，開始根據意定監護契約的內容執行監護任務。

⬧ 意定監護費用給付

意定監護並非無償的義務型態，會產生的費用支出如下：

1. 意定監護契約之撰寫，若是由律師等專業人士擬定，是需要費用的。

2. 意定監護人是可以約定報酬，金額雙方可自由約定，亦可約定無給酬。

3. 由於意定監護契約必須經過公證，公證費用是全國依法定標準收費。

⬧ 意定監護契約成立後，可否反悔？

意定監護契約成立後，委任人可以撤回，而撤回是指整個契約都不生效力，不能只針對契約中的特定內容作部分撤回。撤回意定監護契約的步驟如下：

1. 先以書面向受任人表示撤回（通常會以存證信函等方式）
2. 請求公證人作成撤回意定監護的公證書（因當時有做公證書，因此撤回意訂契約也要撤回公證書）

以上兩個步驟都需完成，才是有效的撤回方式。

意定監護契約成立以後，就契約的內容可以提出修改，此時需提出原訂立意定監護契約之公證書正本、繕本或影本，由委任人與受任人親自向公證人辦理變更公證才可以。

◉ 意定監護不要寫在遺囑裡

意定監護是指定監護人管理自己「還在世」時的生活、醫療與財產管理事務，而遺囑主要處理「去世死亡後」的財產分配事宜，需等待遺囑人死亡後才生效力，所以兩者完全不一樣。

Q.85 擔任監護權人（或輔助人）有何權利或責任？

　　在成人監護裡，基本上較未成年監護要負擔的責任更大，因為受監護人（長輩）除了生活需要照顧外，由於受監護人名下可能有財產，因此法律上之規定，監護人除了各樣財產清冊的製作以及財產處分的報告義務外，還有清算的責任以及損害賠償責任。

　　倘若因為種種原因需要改定監護、或者因受監護人過世等原因，使監護人結束其監護工作時，監護人不能拍拍屁股就結束工作；法律規定監護人必須將財產統整、結算好，移交給新的監護人或是將財產還給受監護人本人，或是在受監護人過世時需要還給其繼承人。

　　而且解除職務的監護人，需要在兩個月內結算完成，在接收財產之人承認之前，原監護人都還是有責任。也就是說，在監護工作結束時，監護人還有一個清算的義務，要好好將受監護人之財產結算完成才可以算是真正不用再為受監護人負責。

　　另外法律也規定，監護人在執行監護工作時，如果有

因為其故意或過失讓受監護人受到損害時，監護人需要負擔損害賠償責任，受監護人是有權利向監護人請求賠償的！因此總括來說，由於受監護人已經沒能力為自己主張權利，因此法律非常保障受監護人；相對的，也就必須對於監護人之種種行為予以較嚴謹的規範，以確保監護人會好好的照顧受監護人，避免受監護人的財產等遭到不法侵害。

至於失智者在外闖禍（包含打人，罵人，或下意識順手牽羊等），監護人是否要負連帶賠償責任？就此因為《民法》第 187 條規定，如果失智者或長輩在發生各樣不法侵害他人權利「闖禍行為」時有識別能力的，那麼監護人作為他的法定代理人，理當要負連帶損害賠償責任。如果闖禍行為時無識別能力，那麼就由監護人負損害賠償責任。但如果監護人可以證明其監督並未疏懈，或縱加以相當之監督，仍不免發生損害者，就不負賠償責任。

擔任父母長輩的監護人會是一件非常辛苦的事情，就像照顧大孩童一般，要給予長輩無微不至的照料，甚至會比照顧孩童還消耗精神體力。法律上規定成人監護是可以給予監護人薪資報酬的，也就是如果同住的孩子是監護人，是可以請求報酬的；然而此報酬需要向法院提起請求酌定，法院也會根據受監護之長輩資力狀況為評估。

能夠陪在長輩旁邊，甚至陪他／她走過人生最後階段，

就是最大的幸福；不可諱言地，擔任監護人會有很多辛苦的工作，然而倘若在長輩在世的最後時光，能夠留下多一些相處的回憶，也是身為後輩的我們能夠做的最大照顧。

Q.86 監護權人（或輔助人）要做些什麼事情？

　　至於親友們對於擔任監護人或輔助人會有遲疑，是因為不清楚要做什麼呢？以下做詳細解說：

✒ 監護人要做什麼呢？

一、法院認為其認知能力已經嚴重退化到類似七歲以下的孩子，需要有監護人來幫助他過日常生活，因此監護人就是他的法定代理人，在生活上各方面，例如財產管理、養護照顧等都要代替受監護宣告人為之。

二、監護人從事監護職務時，要注意以下限制：

　1.必須為了受監護人的利益執行職務。

　2.監護人使用、代為或同意處分受監護人的財產，必須出於保障受監護人的利益。

　3.特定不動產處置事項要經過法院許可：「代理受監護人購置或處分不動產」，「代理受監護人，把受監護人居住的建築物或基地出租、供他人使用或終

止租賃」。

  4. 投資的限制：監護人管理受監護人的財產，除了購買公債、國庫券、中央銀行儲蓄券等有價證券外，不可以用受監護人的財產來做投資，避免因為風險過高導致財產減少。

三、因為受監護之人已經沒有行為能力，所以他的簽名是沒有效果的，需要由監護人代替他簽署各樣正式文件。舉例而言，舉凡長照合約之簽訂、侵入性醫療之同意、接受各樣政府提供之服務等關於照顧之各方面，或是日常生活需要到銀行辦理轉帳等各樣事項、繳稅繳費等，均需透過監護人代替簽名，始為有效。

四、監護人就管理受監護人的財產，需以「善良管理人之注意義務」來管理，也就是說一般有經驗、有知識之人所應具備的義務，是法律中過失責任裡最高的注意義務。

✒ 輔助人要做什麼呢？

一、受輔助宣告之人，是類似限制行為能力人之情形，因此只需要有輔助人來幫助他針對特定事項做決定即可，不需生活上所有事情都要經過輔助人幫忙決定。

二、至於法律上規定哪些重要的事情是需要經過輔助人同
意才可以呢？

1. 獨資、合夥營業或為法人之負責人。

2. 為消費借貸、消費寄託、保證、贈與或信託。

3. 為訴訟行為。

4. 為和解、調解、調處或簽訂仲裁契約。

5. 為不動產、船舶、航空器、汽車或其他重要財產之
處分、設定負擔、買賣、租賃或借貸。

6. 為遺產分割、遺贈、拋棄繼承權或其他相關權利。

三、以上事項均為法律上重要之處分等意思表示行為，需
要經過輔助人之同意後，受輔助宣告之人才可以去做。
但因為受輔助宣告之人只是「類似」限制行為能力人，
並無類似《民法》第15條直接規定說受監護宣告是無
行為能力人，因此原則上，受輔助宣告之人仍然是完
全行為能力人喔！

Q.87 意定監護人與法定監護人的權責有何差別？

　　成人監護宣告，在意定監護制度誕生以前，成年人的監護宣告原則採用傳統的「法定監護」制度，由法院根據受監護宣告人的最佳利益，依職權選定適合的監護人。

「意定監護」和「法定監護」的差異

1. 意定監護是生前意思能力健全時決定自己未來的監護人，而法定監護是在自己喪失行為能力後由法院選任。
2. 意定監護是一種契約關係，要經過公證，法定監護是由法院選任。
3. 本人意思能力健全時可以隨時撤回意定監護契約，法定監護則是要不適任由法院改定。
4. 意定監護可以約定報酬，法定監護可以請求法院酌給報酬。
5. 就受監護人財產的處分來說，意定監護較法定監護有

更多揮灑空間。也就是意定監護契約可以約定受任人不經法院許可，自由處分受監護人之不動產等資產。

✒ 意定監護與法定監護的監護人責任範圍

不管是意定監護或法定監護，宗旨都是要本於善良管理人的注意義務，替受監護人管理財產。舉凡一般受監護人的財產管理（例如提領存款、代為處分房屋、代收租金）及護養療治（例如：支出安養院、醫藥費用等），都是監護人的責任範圍。

✒ 財產管理方面

（一）法定監護

1. 由於法定監護人是依據法律上身分而被選任，其是否有財產管理相關背景，或是否與被監護人關係良好緊密，有時不見得是考量依據，為保護受監護人財產，法律只能用最保守的規定。

2. 就不動產部分，法律規定，監護人若有下列行為，非經法院許可，不生效力：

（1）代理受監護人購置或處分不動產。

（2）代理受監護人，就供其居住之建築物或其基地出租、供他人使用或終止租賃。

3. 就動產部分：法律規定監護人不得以受監護人之財產為投資。但購買公債、國庫券、中央銀行儲蓄券、金融債券、可轉讓定期存單、金融機構承兌匯票或保證商業本票，不在此限。

（二）意定監護

1. 通常監護人都是與受監護人關係良好，甚至有資產管理專業能力，且為尊重受監護人的財產管理自由授權。

2. 本人與受任人（意定監護人）已經事先約定，受任人在執行監護職務的時候，可以代理受監護人購置、處分、出租不動產，或用受監護人的財產來投資，未來受任人在做這些行為時，就不需要再經過法院的許可，也不限於只能購買公債或國庫券等，也就是貫徹意定監護制度：尊重本人意思自主的初衷。

Q.88 萬一家人對要不要聲請監護／輔助宣告有不同意見，該怎麼辦？

　　面對長輩的退化或者失智現象，不見得所有家人都希望聲請監護宣告，有可能認為如此一來，長輩就被貼上「失能」印記，也或許是因為家人間彼此不信任，對於財產處理部分，無法達成共識，彼此不信任，互相謾罵，甚至告上法院、彼此撕破臉的家庭風暴在法庭上比比皆是。然而倘若真的走到這一步，該怎麼辦呢？

一、若長輩自己或家人間對於是否要聲請監護宣告有不同意見，該怎麼辦？
　　依照法律規定，只要本人、配偶、四親等內之親屬、最近一年有共同居住事實之其他親屬、檢察官、直轄市、縣（市）政府或社會福利機構向法院提出聲請即可。

二、當法院收到監護／輔助宣告之聲請後便開始審理，讓專業醫師鑑定應受監護／輔助宣告之人之狀態後，法院會依職權來判斷該案應該是為何種宣告，因此法院

不會受到聲請人所聲請之事項拘束，縱使家人之間對於長輩是否應受宣告、應受到監護宣告還是輔助宣告有所爭執，都不會拘束法院。

三、至於要選誰當監護人或輔助人，法院通常會根據《民法》第 1111 條，法院會在「配偶、四親等內之親屬、最近一年有同居事實之其他親屬、主管機關、社會福利機構或其他適當之人」這些選項中，選定監護人；且當法院認為有必要時，甚至可以選任不只一人，來共同擔任監護人。

四、法院在選定監護人時會考慮甚麼因素呢？根據《民法》第 1111 條之 1，法院會審酌受監護宣告之人的身心狀態、生活及財產狀況、與配偶子女或其他共同生活之人間之情感狀況；監護人之職業、經歷、意見及其與受監護宣告之人的利害關係等，並在優先考慮受監護宣告之人的意見後，為了受監護宣告之最佳利益來選定監護／輔助人。

五、在審理監護／輔助宣告案件的過程中，如果應受監護／輔助宣告之人還能夠到庭陳述意見的話，法官通常會將他請到法院，並親自詢問其本人之意見。**若還能清楚陳述其心中意願**，法院會特別尊重受監護 / 輔助宣告之人的意見，也就是說，**應受監護 / 輔助宣告之**

人其本人之意見，會是法院考量之眾多因素中，極重要的因素之一。

六、倘若長輩本人的意見與子女的期待之人選有所不同，便需要在審理過程中提出各樣證據，法院目前會有程序監理人或家事調查官來協助法官選任我們心中認為適合的監護／輔助人。

然而倘若家族之間能夠好好溝通，對於長輩應受何種宣告、由誰來擔任照顧者能取得共識，不只能夠加速法院流程的進行，家人間亦能保持和諧關係，便是對於誰來照顧家中受監護宣告之長輩家人間已有共識，因此該案即能迅速取得監護宣告之裁判，使長輩之權益儘速獲得保障，對於家人之間、長輩本人都是莫大的福音。

Q.89 監護人（或輔助人）可以處理長輩的財產嗎？

　　長輩被監護宣告或輔助宣告後，究竟誰可以處理長輩的財產，這是相關人最關心的問題之一，以下分別就成人監護之法定監護人及輔助人該如何處理長輩之財產作介紹：

✒ 法定監護人

1. 在監護宣告一開始，法院通常會選「監護人」及「開具財產清冊之人」。監護人會同開具財產清冊之人一起就受監護宣告人之財產整理，並在兩個月內陳報財產清冊給法院。而**在開具財產清冊完成之前，根據民法第 1099 條之 1，監護人對於受監護人財產，只能為管理之必要行為**，此為第一步限制。

2. 而開具財產清冊後，監護人不能隨心所欲使用監護人之財產，根據《民法》第 1101 條第 1 項，**只有在為了受監護人之利益時，才可以使用、代為處分或同意處分受監護宣告人之財產**。

3. 法定監護制度。《民法》第 1101 條第 2 項即為了受監護人之利益，有些特定行為例如**購置或處分不動產、就供受監護宣告人居住之建築物或其基地出租、供他人使用或終止租賃，均需要先經過法院之許可才可以做**。

4. **監護人亦不得將受監護宣告人之財產挪到自己名下，也不行拿受監護宣告人之財產去做投資**。但法條有規定例外可以做的投資為購買公債、國庫券、中央銀行儲蓄券、金融債券、可轉讓定期存單、金融機構承兌匯票或保證商業本票。

5. 雖有如上限制，但是**受監護宣告人的財產仍應由監護人管理**。且針對執行監護職務所需之必要費用，均由受監護宣告人的財產中負擔。對於監護人使用受監護宣告人之財產有疑義，**法院認為有必要時，可以命監護人提出相關監護報告、財產清冊等**，來監督監護人的監護事務以及受監護宣告人之財產狀況，此即為監護人之報告義務。

⚗ 輔助人

1. 受輔助宣告人未被剝奪其處分財產之自由，所以原

則上輔助人無權過問其財產，**輔助人也不行將受輔助宣告人之財產挪到自己名下；而輔助人也有向法院報告受輔助宣告人之財產狀況之報告義務。**

2. 在實務上遇見案例，老父親受到輔助宣告，由其中一名子女擔任輔助人，但是另一位子女卻對輔助人管理父親財產的行為有疑義，因此請求法院命輔助人提出相關財務資料、供其他手足審閱；法院也認為在輔助人之職權範圍內，要求輔助人提出相關資料，可以達到互相監督之效果。因此，即使受輔助宣告人有財產處分之自由，輔助人仍要受到相當程度之監督，以確保受輔助宣告人之權益沒有被侵害。

Q.90 萬一監護權人對長輩不好該怎麼辦?

　　如果認為法院所選任的監護人並不符合長輩之最佳利益,甚至有侵吞長輩財產、虐待長輩之情形時,是可以聲請法院改定監護人,重新選任一名監護人。

一、聲請改定監護之人,需為受監護人本人,或是其四親等內之親屬、檢察官、主管機關或其他利害關係人來聲請。

　　1.聲請之理由,必需要是「有事實足認監護人不符受監護人之最佳利益,或有顯不適任之情事者」。主張改定監護並非一件容易之事,需要舉出事實為證據,說明現在法院已經選任之監護人,有什麼行為是不符合受監護人之最佳利益,也需要具體說明,該監護人哪裡有不適任之情形。

　　2.例如:若主張監護人有浪費受監護人財產,就要證明監護人具體浪費財產的證據(不能只是聽說)。若主張監護人有疏於照顧受監護人之情形,也要舉

證受監護人應該受的照顧，而監護人故意怠忽照顧之責的具體事證。

3. 在改訂監護的訴訟中，除了舉證說明監護人有何不適任之情形外，也可以努力舉證說明新的監護人人選為何比原先的監護人更適任、更符合長輩之最佳利益。從兩個角度切入，比較有機會說服法官重新選一位監護人。

二、為了避免失智長輩的財產遭到挪用，常希望可以預先針對長輩的財產做凍結等處置，在法律上確實有方法可以預先保護長輩的財產，救濟的方法可以多管齊下：

1. 在財產法層面，如果是監護人侵占了受監護的長輩之動產，可以提起不當得利、侵權行為等訴訟來要回長輩的財產。

2. 如果是不動產遭到不法挪移，則可以請求塗銷所有權登記等救濟方法來把不動產搶回、登記回長輩名下。

3. 也可以從刑事方面著手，如提告侵占罪、偽造文書罪等等，然而訴訟策略該如何進行，應依個案認定，也需要相當之法律專業之輔助。

4. 關於其監護人地位，可以根據監護人所應盡到的損害賠償責任向其請求賠償，也可以蒐集監護人不當

處置長輩財產之證據，以此為依據向法院提起改定監護人之訴訟，請求法院改定監護人，並向法院說明這個監護人之種種挪用長輩財產之行為，顯示其已經不是符合受監護人之最佳利益的人選，請求法院改選別人擔任監護人。

chapter 08

當家人
被診斷出失智時，
該怎麼辦？

Q.91 如果有拿到手冊的失智者沒有申請監護宣告,他可以自由處分財產嗎?可以立遺囑嗎?

　　失智症在病症初期往往難以辨別,甚至發展到中期,都還可能難以發覺罹患失智症。為了給予失智症好的福利保障,家屬可以根據《身心障礙者權益保障法》第 5 條申請身心障礙手冊,即可享有經濟層面之各項補助、減免等福利,以及稅賦上之減免,甚至交通育樂上之優待等等。

　　然而儘管有了身心障礙手冊,依照《身心障礙者權益保障法》所稱身心障礙者,指下列各款身體系統構造或功能,有損傷或不全導致顯著偏離或喪失,影響其活動與參與社會生活,經醫事、社會工作、特殊教育與職業輔導評量等相關專業人員組成之專業團隊鑑定及評估,而領有身心障礙證明者。但從邏輯而論,被監護宣告者視為有身心障礙,且領有身心障礙手冊者,是否就可以推定為應該被監護宣告或輔助宣告,這當中還有很多討論的空間。

◎ 倘若沒有聲請監護宣告，失智者可以自行處分財產嗎？

1. 依照《民法》第 75 條，無行為能力人之意思表示，無效；雖非無行為能力人，而其意思表示，係在無意識或精神錯亂中所為者亦同。在法律上，哪些人的行為可以被認定為「無效」？除了「無行為能力人」外，就是「在無意識或精神錯亂中所為者」，也會被認定為無效。

2. 原則上滿 20 歲之成年人，在法律上就是完全行為能力人。

   成年人若經過監護宣告成為無行為能力人，他所為的法律行為都是無效的。至於沒有被監護宣告，但在做某些法律行為（例如：買賣贈與或者作保等）時處於無意識或精神錯亂中，這些法律行為也會被視為無效。

3. 至於已經領有失智證明的長輩（或年輕型失智者），尚未被監護宣告前，在法律上仍屬於完全行為人，且因為失智有不同類型，受傷區域不一樣，也會有不同狀況。在沒有被監護宣告前，即使有失智證明，失智症患者仍可能得以自由處分財產。

4. 如果在得知長輩或親人失智，由於失智狀況多半會越來越嚴重，會影響各種法律行為的後果判斷。在尚未嚴重

前，建議一定要跟長輩溝通好，把財產作信託，或者做好遺產規劃及立好遺囑。由於怕未來其他子女對於信託或遺囑有爭議，在長輩決定要做此法律行為前，建議請神經內科醫生判斷他目前是否有能力做此法律行為，並且將此載明於病歷資料中，且在進行信託或遺囑時，也要全程錄音錄影，最好有第三者（公證人或律師或其他非利害關係的親友）在場作見證，如此較能確認這些法律行為的有效。

Q.92 如果拿到手冊的失智者，未聲請監護宣告，他被店員鼓吹辦理多個門號或其他開戶幫忙詐騙洗錢，該怎麼辦？

由於目前失智者家屬多數沒有為長者聲請監護宣告，或者也因為長者失智狀況尚屬輕微，在司法實務上，若沒有被監護宣告的情形下，想要主張長輩在此時所為的行為，是因為罹患失智症而陷於精神錯亂，故應該為無效，是相當有難度的事情。

雖然在失智長輩未受到監護宣告時，就發現他被別人鼓吹，因而辦理多個門號、或是把保險解約，甚至把房子賣掉，買了一棟豪宅等等行為，都應該要趕快採取行動，避免陷入無止境的訴訟泥淖之中。

◎ 向長輩簽約的單位發存證信函（留存證據用）

1. 若確定長輩真的明顯精神錯亂，向其表達因為長輩罹患

失智症，表示當時屬於精神錯亂的情形下，主張法律行為均因《民法》第 75 條而為無效。

2. 倘若長輩尚未到達精神錯亂，但有「對方趁長輩急迫輕率無經驗」、「認知內容有錯誤」、「被詐欺或脅迫」等情形，在長輩簽約一年內，主張撤銷契約。

✒ 主張無效或撤銷，另請求「回復原狀」

1. 若在此時失智者已經將財物移轉給對方，除了主張無效或撤銷外，另要請求「回復原狀」；倘若對方不願意，則要透過民事訴訟來解決，建議此時不只要訴訟請求返還，若怕對方脫產，可能要請求命暫時處分，甚至在民事訴訟上也要請求假扣押。

2. 除了《民法》上的處理外，時常需要透過刑案的告訴，一起來達成對方返還財物目的。在《刑法》第 341 條「準詐欺罪」亦規定，如果是趁長輩之失智症已經達精神障礙、心智缺陷而致其辨識能力顯有不足或其他相類似之情形時，使長輩將自己或第三人之物交付者，更可以讓其負相關刑責。

3. 對於長輩尚未處分的財產，如果有對長輩提出監護宣告的聲請，此時可以一併透過「暫時處分」之手段，暫時

保全長輩的財產，使之不會再被不當轉移，使他人不得隨意處分長輩的財產。但要提醒的是，根據《家事事件法》第 85 條第 2 項，主張暫時處分之人，需要負責證明本案中有聲請暫時處分之理由，包含要向法院聲請監護宣告，且在此期間失智長輩在外的各樣脫序行為（包含被帶去保單解約、不動產過戶、銀行領取大額款項卻無法交代用途等），如果無法即時釋明其事由，很可能會遭到駁回。

其實這些都是事後亡羊補牢的作法，最好的方式是在長輩尚未「出事惹禍」之前就將財產作信託規劃，然後向法院聲請監護宣告或輔助宣告，對長輩的行為及財產做較周全的保護。

Q.93 長者平常有恍惚狀況，被其中一名子女帶回居住，然後帶去將銀行存款解約或不動產過戶，此時其他子女有何救濟方法？

爺爺因中風導致失智，他的老么竟利用爺爺身心狀況，佯稱要處理事情，帶爺爺去戶政事務所辦理印鑑證明，然後盜取爺爺存放於家中的銀行存簿及印鑑章，偽造原告名義，辦理定存解約，將款項領走。接著，又竊取爺爺的房地權狀和身分證明文件、印章、印鑑證明後，續而偽造土地建物所有權移轉契約書、登記申請書等文件，將不動產權移轉登記到自己名下。

因為失智症病情特殊，我們要舉證說明長輩在某年某月某日是處於無意識或是精神喪失，是非常困難的事情。特別是如果移轉長輩財產的人是與長輩有血緣關係的子女，更因為親密的血緣關係，而難以舉證說明長輩不是基於贈與等關係，移轉自己的財產。

如果失智者名下有不動產的話，因為不動產價值很高，很容易遭他人覬覦。常見的手法便是遭人詐騙，利用失智

者無法分辨金錢價值、無法了解不動產之正常行情價應為多少而被騙，以低價賤賣不動產給他人；又或是騙取失智長輩在各類抵押權設定契約書等文件上簽名，以該不動產設定抵押；最後一種更可惡卻也是相當常見的手法：在奪取失智長輩信任後，讓長輩在移轉過戶同意書等文件上簽名，直接將不動產過戶。

如果發生上述情形，若可以證明爺爺根本無法正常判斷，而他人明知又詐騙他交付印鑑和印鑑章和存簿或不動產權狀，然後由他人去辦理提款或不動產過戶，此時可能會涉及刑事偽造文書或詐欺等罪責，但實際上要看取得之具體事證而定。

至於民事部分，則盡快依照《民法》第92條，向法院聲請撤銷意思表示，盡快把領走的款項或長輩的不動產奪回來。為了避免上述情形發生，以防患未然，長輩的家屬可以根據《土地法》第79條之1，就長輩之不動產向地政機關辦理「預告登記」。地政機關受理並成功登記後，家屬便會成為預告登記的請求權人。在預告登記之後，如果地政機關接到該筆土地有移轉登記或是設定抵押權登記時，便會通知預告登記的請求權人，讓家屬可以即時反應，避免登記名義人，也就是失智長輩本人擅自處分該不動產。

另外倘若子女惡意不願歸還，依照各狀情況，可能會

有竊盜、侵占、偽造文書、詐欺等情形，就要考慮用刑事訴追，如果行為人與失智者間屬於「直系血親、配偶或同財共居親屬、5 親等內血親或 3 親等內姻親」，那麼親屬間的竊盜和侵占屬於告訴乃論，需要在「六個月」內提出刑事告訴。

Q.94 倘若長者被診斷出失智，能否以此向金融或其他單位申請註記？程序該如何進行？

　　失智症患者常常會找不到東西，如果搞丟了身分證等重要文件，並且被有心人士拿去金融機構做貸款、申請信用卡、金融卡等，可能讓長輩莫名其妙的背負了債務。除了監護宣告、輔助宣告，還有沒有什麼方法可以針對長輩的財產做保護呢？

　　根據上述《個人資料保護法》第 19 條第 2 項，我們是有權利去請求將自己的個人資料刪除、停止處理或使用的。因此為了實踐這個法條，便有了「金融註記」這個制度。如果已經發生了身分證明文件等搞丟，被有心人士拿去抵押、辦信用卡等情形發生、或是想要避免這樣的爭議，失智長輩的家屬可以盡快到財團法人金融聯合徵信中心辦理金融註記。

🖋 辦理金融註記之方式

1. 先到金融聯合徵信中心的網站下載「當事人辦理註記申

請書」，其上有多種申請註記的原因可以供大家勾選，比如說「本人已經成為身分偽冒案件被害人，請各機構加強身分確認」、「即日起不再申請貸款、信用（現金）卡」等，讓失智長輩之家屬可以亡羊補牢，甚至防患未然；針對長輩在金融機構的各樣核卡、貸款等行為予以限制，避免損失持續擴大。

2. 下載上述註記申請書並勾選完畢希望註記之文字後，檢附相關身分證明文件，利用郵寄或是臨櫃（金融聯合徵信中心地址：台北市中正區重慶南路1段2號1樓）辦理之方式進行。辦理金融註記，聯徵中心不收取任何費用，如果想要撤銷註記，也只要下載並填妥「當事人辦理註銷註記申請書」，並以一樣方式進行即可，相當方便。

3. 辦理金融註記後，若他人想要冒用長輩之名，金融機構便需要負擔加強審核之注意。如果因為金融機構之疏忽而遭到偽貸、發信用卡成功等，自然無法歸責於已經完成註記之人，金融機構要自行吸收這樣的損失，不得向失智長輩及其家人求償。

4. 另外如果失智長輩有銀行之存款、信用卡，在通過監護宣告、輔助宣告之前，也可以透過「通知銀行止付」之方式避免異常提領或是遭到盜刷。家屬可以透過交付診

斷證明書給往來銀行，告知銀行此位客戶已經罹患失智症，如有異常提領要盡快通知家屬。經此方法，如果銀行發現這位失智客戶的帳戶有異常提領等行情時，便需要根據家屬所提供之聯絡資料盡快聯絡家屬，以避免詐騙發生。

Q.95 若長輩失智了，可以如何保護他的不動產？程序該如何進行？

　　如果失智者名下有不動產的話，因為不動產價值很高，很容易遭他人覬覦。常見的手法便是遭人詐騙，利用失智者無法分辨金錢價值、無法了解不動產之正常行情價，而被騙低價賤賣不動產給他人；又或是騙取失智長輩在各類抵押權設定契約書等文件上簽名，以不動產設定抵押；最後一種相當常見的手法：奪取失智長輩信任後，直接讓長輩在移轉過戶同意書等文件上簽名，將不動產過戶。

　　如果發生上述情形，可以依照《民法》第 92 條，向法院聲請撤銷意思表示，若對方不願返還財物，就需要依照民法訴訟和刑事訴追方式，把長輩的不動產奪回來。為了避免上述情形防患未然，長輩的家屬可以根據《土地法》第 79 條之 1，就長輩之不動產向地政機關辦理「預告登記」。

◉ 辦理預告登記，所需要檢附的文件

1. 登記申請書。
2. 登記清冊。
3. 登記名義人（也就是長輩本人）之同意書。
4. 登記名義人身分證明文件（例如身分證影本、戶籍謄本或戶口名簿影本）。
5. 登記名義人印鑑證明。
6. 請求權人（通常是失智長輩之家屬）身分證明文件。
7. 該不動產之所有權狀。

　　將文件通通準備好後，一起帶到地政機關辦理即可。而上列預告登記之申請書、登記清冊，均可上各縣市政府地政局等網站下載，各地方政府地政機關的網頁也都有詳細流程說明，幫助大家辦理預告登記，好好守護失智長輩的不動產。

◉ 聲請那些請求權的預告登記，應由請求權人檢附登記名義人同意書

　　依照《土地法》第 79 條之 1 規定，聲請保全下列請求

權之預告登記，應由請求權人檢附登記名義人之同意書為之：

1. 關於土地權利移轉或使其消滅之請求權。
2. 土地權利內容或次序變更之請求權。
3. 附條件或期限之請求權。

　　前項預告登記未塗銷前，登記名義人就其土地所為之處分，對於所登記之請求權有妨礙者無效。

　　預告登記對於因徵收、法院判決或強制執行而為新登記，無排除之效力。

　　地政機關受理並成功登記後，家屬便會成為預告登記的請求權人。而在預告登記之後，若地政機關接到該筆土地有移轉登記或是設定抵押權登記時，便會通知預告登記的請求權人，讓家屬可以即時反應，避免登記名義人，也就是失智長輩本人擅自處分該不動產。

Q.96 若長輩失智前即表示財產希望用信託方式處理，然在被診斷出失智後應該如何辦理？

　　信託其實在國外行之有年，我國《信託法》自公告施行也已經超過 20 幾年，為鼓勵信託制度，金管會甚至研訂了「身心障礙者安養信託契約範本」，各家銀行也都有安養信託之服務，算是相當完善的一套制度。

　　信託契約中的受益人可以約定為長輩本人，並約定當長輩失智時，該筆費用要如何照料長輩的晚年，定期給付給長輩成為其醫療照顧費用，使長輩可以成為該筆財產之受益人。如此以來，便能透過《信託法》來確保銀行會好好使用這筆財產以照顧失智長輩，達到完善規劃財產、減輕照顧失智長輩之經濟壓力的效果。並且讓財產之所有權人與長輩本人脫離，進而達到保護財產、避免遭到有心人士詐騙。

　　為了確保受託人會好好使用該筆財產，《信託法》中還有信託監察人之制度。長輩可以約定為其信任之好友、或是社福機構等擔任信託監察人，以監督、確保受託人有依照信託契約之約定執行。

　　另外，除了將受益人約定為長輩自己而成為安養信託

之外，長輩也可以將自己的財產信託之受益人約定給特定人，並和受託人約定在何種情形下要將財產支付給該特定人，此種信託又稱為他益信託，使信託制度成為幫助長輩規劃財產給子孫的工具。例如當家財萬貫的老闆已垂垂老矣，卻又害怕如果自己百年以後子孫，一次繼承所有財產，導致子孫揮霍無度，一下子就把財產敗光，因此可以透過信託制度，讓受託人依照委託人之意願逐步將財產交付給其子孫。

需要特別強調的是，在簽訂信託契約時，需要確保長輩是出於自己之意願簽訂，倘由經過長輩授權之家屬出面簽訂信託契約，需要確保其有合法、完整之授權書、同意書；倘若長輩已經失智，卻僅屬輕度，可能就意思表示仍屬健全，因為尚未監護宣告，仍視為完全行為能力人，可以自己簽訂信託契約。但如果失智程度已經無法有效表達自己的意思時，便需要透過監護宣告、輔助宣告後，由監護人等來出面為長輩簽訂信託契約。

無論如何，建議在辦理信託各流程（包含與受託銀行對話，還有簽訂信託契約書，以及交付信託財產等重要環節），全部都錄影和錄音，並且最好有非利害關係人的證人，這樣才能對未來親友的質疑甚至向法院提出訴訟時，能以證據證明長輩當時的神智及意識是清楚的，避免不必要的爭議。

Q.97 對於時常外出走失或闖禍的長輩，倘若家人將他關在家裡，又被抗議妨害自由，該如何處理？

　　雖說失智長輩常懷疑有人要害她、抱怨沒飯吃、隨地便溺等脫序行為，也時常發生類似虐待老人之新聞事件；或許將失智長輩關在房間內、甚至鎖在床上等手段可以暫時使照顧者輕鬆一些，然而老人家並非寵物，絕對不可以養在籠子裡，且上述行為很有可能已經觸法。

　　我們也看過不少外出工作，把長輩鎖在床上，只給水和罐頭，甚至在床上便溺也不管，有時甚至多日沒有食物吃，如果應對失智長輩盡扶養義務之人並未實際扶養，因而遺棄或是不給予該長輩活下去之必要幫助、保護，也可能會觸犯到《刑法》之遺棄罪。

　　上述罪名都是所謂的「非告訴乃論罪」，也就是說，只要檢察官知道有人做了上列法條所規定不可以做的拘禁、遺棄等行為，針對有犯罪嫌疑的人，檢察官可以根據《刑法訴訟法》主動進行偵查，甚至進而起訴。

　　陪伴失智症患者真的是勞心又勞力。把東西搞丟，一直買同樣的東西等等都還是其次，走丟、半夜爬起床並開

始在家中翻箱倒櫃等等各種讓人抓狂的行為更是接二連三發生。失智症不只折磨著患者本人，陪伴者也是備受煎熬。有時更會突然宣稱自己的錢不見，並指證歷歷說是被某位照顧者偷走了、有人虐待自己等類似被害妄想之症狀發生，搞得家屬欲哭無淚。但不可否認的，家屬等陪伴者也可能突然一時理智線斷裂，對著長輩大聲咆嘯，甚至對長輩拳腳相向。

照顧失智長輩壓力確實極大，但如果跨越了法律的紅線，仍有可能吃上官司。依《老人福利法》第 41 條規定，如果長輩有遭到虐待、遺棄等情形發生，導致長輩生命、身體、健康或自由發生危難時，政府機關可以主動給予長輩保護，甚至予以安置於別處。

因此，即使照顧失智長輩真的很辛苦，但相信長輩自己也遭受到極大的痛苦，他們自己一定也不希望造成家中如此大的負擔。除了有許多社會資源可以給予家屬協助之外，我們務必不要跨越法律的紅線，以免造成更多更大的遺憾。

Q.98 面對失智長輩控訴遭家人虐待，究竟該給予怎樣協助提出保護令聲請？

　　對於失智長輩遭同住親人虐禁，甚至有各樣家庭暴力傷害事件，時有所聞，失智長輩與同住之照顧親屬間，通常為《家庭暴力防治法》（下稱家暴法）中所規定的家庭成員間，因而有家暴法中的保護令制度可適用。

　　所謂保護令，就是由法院透過頒布一個命令，禁止特定家庭成員對另位成員做某些特定事情；透過介入家庭成員間來保護家暴受害人之安全及權益。因此，保護令是很個案、很隱密的程序，有時情形也很緊急。為了完全保護受害人，保護令分為通常保護令、暫時保護令及緊急保護令三者，且保護令之審理過程不公開（家暴法第 13 條 5 項）、聲請保護令也無須費用（家暴法第 10 條第 3 項），以達到全面保障受害人之目的。

　　關於三種保護令之聲請方式、內容等，以下用表格一次整理出來，方便大家比較，若要聲請，建議直接到警局或法院、家暴中心或各縣市家暴中心社工請求協助。

	通常保護令	暫時保護令	緊急保護令
誰可聲請	被害人（若是未成年、身心障礙者或難委任代理人者，其法定代理人、三親等內親屬也可以聲請）、檢察官、警察機關、縣市主管機關	被害人（若是未成年、身心障礙者或難委任代理人者，其法定代理人、三親等內親屬也可以聲請）、檢察官、警察機關、縣市主管機關	檢察官、警察機關、縣市主管機關
聲請方式	於辦公時間以「書面」向被害人住居所地、相對人住居所地、家暴發生地之法院聲請。	於辦公時間以書面向被害人住居所地、相對人住居所地、家暴發生地之法院聲請。「法院」也可以依職權主動核發。	以書面、言詞、電信傳真、其他科技設備向被害人住居所地、相對人住居所地、家暴發生地之法院聲請。甚至「夜間」、「休息日」也可以聲請。法院也可以依職權主動核發。
核發程序	需經審理	得不經審理	得不經審理
危險程度	受家暴者目前安全，可以等待法院審理。	在核發通常保護令前，認為有危險而需要先有保護令。	緊急、有急迫危險者。
生效日期	核發時起算。	核發時起算。	核發時起算。
有效期間	兩年以內。可以依當事人、被害人、檢察官、警察機關、縣市主管機關聲請而延長、每次延長期限為兩年以下。	聲請人撤銷通常保護令聲請、法院核發或駁回通常保護令時失效。	聲請人撤銷通常保護令聲請、法院核發或駁回通常保護令時失效。

Q.99 失智長者涉及了傷害、竊盜等刑事案件該怎麼辦？

　　許多時候失智長輩可能會忘記付錢，也可能會無故在外與人起衝突，甚至可能因為隨地便溺，或者看到小女孩跑上去摟抱或不當碰觸，而吃上公然猥褻罪的官司；又或是忘記自己在燒開水、忘記關火導致面臨失火、放火罪責、也可能因為被詐騙而被當作人頭，無緣無故成為詐欺犯，以上種種皆是失智長輩可能面臨的情況，都可能導致失智長輩遭受到刑事上的追訴。

　　在這類案件中，通常會主張失智長輩有「心神喪失」或「精神耗弱」而不罰或減輕其刑。所謂「心神喪失」，是指對於外界事務缺乏認知理解及判斷能力，無法依其辨認而作出正確行為或預料行為後果。而所謂「精神耗弱」，則指精神障礙程度尚未達心神喪失的嚴重程度，雖非完全喪失，但顯然減退，且較一般人的平均程度低。目前精神醫學界已經有一致的見解，即是將鑑定結果判定為極重度及重度的智能障礙認定為心神喪失，將中度及輕度智能障礙認定為精神耗弱。

因此可以透過調取失智長輩的病歷等方式，以證明失智的病況導致其作出脫序行為，以努力爭取減刑甚至免刑。曾有實務判決，失智者持鋸刀將鄰居砍傷，卻因為利用提供過去許多診斷書等方式，成功說服法官相信該案長輩已經具有《刑法》第19條之狀況（例如：爺爺在傷害鄰居時，確因精神障礙及所生不忠妄想，致欠缺控制能力，也就是在《刑法》上對爺爺已無法進行合法行為之期待可能性），依《刑法》第19條第1項規定，被告並無刑事責任能力，其行為屬不罰，因而可以被宣告無罪。然而雖說被宣告無罪，但是根據《刑法》第87條及93條，失智長輩仍有可能要受到監護處分或是保護管束。因此，長輩出門時還是要有家人或是看護陪同，時時照料失智者，避免其做出脫序行為，才是對他最好的保護。

而在長輩成為被告的刑事訴訟中，除了請律師幫忙辯護外，還可以根據《刑事訴訟法》第35條，由失智長輩之家屬具狀或口頭表示要成為輔佐人，不但可以代替失智長輩在法庭上陳述意見，也可以為刑事訴訟中的訴訟行為。

另外，除了不小心成為刑事案件的犯罪人之外，失智長輩也很可能因為被詐騙而成為刑事上的被害人。此時，倘若有財物上之損失，除了可以提起民事訴訟要回財物之外，刑事上也可以幫助失智撥打165反詐騙專線，並到警

局提起刑事告訴，讓警察、檢察官幫忙偵查找出詐騙犯。
從民事、刑事雙管齊下，幫助長輩討回財產也討回公道。

Q.100 失智長者涉及無故欠錢等民事糾紛該怎麼辦？

　　失智長輩除了可能涉及刑案之外，更可能會牽涉到民事糾紛。輕者可能是不斷購物，重複購買相同的物品；嚴重者可能是被騙做保或擔任借款人、購買了什麼昂貴的金融投資性商品，或者無故簽約買了房子或將房屋送給他人。如何避免失智長輩亂花錢，或是討回失智長輩被騙走的財產，成為許多失智症患者家屬的一大難題。

一、若失智者已經為監護宣告，那麼這些購物（包含購屋或者投資金融商品等）、借款、作保、贈與等行為，監護人可以出面主張其無行為能力。

二、若失智者為輔助宣告，那麼法條規定的行為（包含消費借貸、消費寄託、保證、贈與或信託。為不動產、船舶、航空器、汽車或其他重要財產之處分、設定負擔、買賣、租賃或借貸等）需要得輔助人的同意。

三、若失智者並未被監護或輔助宣告
　1. 若長輩行為當時屬於被詐欺或誤導等狀況，可以主

張《民法》第 92 條撤銷。該條是主張失智者乃因受到詐騙而有錯誤的意思表示，因而要「撤銷」該錯誤的意思表示，進而將失去的財物要求反還。然而需要注意的是，根據《民法》第 93 條，主張撤銷需要在知道有被詐騙的 1 年內請求。

2. 如果施詐者已經將失智長輩的財物移轉給不知情的第三人，法律為了保護交易安全，會讓不知情的第三人所取得該財產的所有權，失智長輩只能根據《民法》第 184 條、第 179 條之侵權行為、不當得利等法律關係來向施詐者請求，而不能向該已經取得所有權之不知情第三人請求返還。

3. 若長者當時屬於精神錯亂，是可以主張失智長輩的意思表示因為屬於《民法》第 75 條之「無意識或精神錯亂」而「無效」，進而主張對方取得之利益、財產等無法律上原因而應該要返還。要證明長輩在行為時是屬於「無意識或精神錯亂」，是相當困難的事情。

在民事訴訟的過程中，也可能因為失智長輩亂打人等原因，成為被要求賠償的那一方。面臨對方民事求償時，第一步千萬要先問清楚長輩事情的經過。如果傷人事實明確，可以提出失智證明、精神診斷書等，便可請求法院酌減對方所請求之精神慰撫金。

遺產、信託、繼承：

人生最該懂的財務法律課，有效分配、爭議解決，有問必答Q & A

作者	林李達、吳孟玲、劉德鏞	製版印刷	凱林彩印股份有限公司
責任編輯	陳姿穎	初版 1 刷 2024年9月　初版 5 刷 2025年1月	
版面編排	江麗姿		
封面設計	任宥騰	ISBN　978-626-7488-13-3／定價　新台幣450元	
資深行銷	楊惠潔	EISBN　978-626-7488-11-9 (EPUB)／電子書定價 新台幣315元	
行銷主任	辛政遠		
通路經理	吳文龍	Printed in Taiwan	
總編輯	姚蜀芸	版權所有，翻印必究	
副社長	黃錫鉉		
總經理	吳濱伶	※廠商合作、作者投稿、讀者意見回饋，請至：	
發行人	何飛鵬	創意市集粉專　https://www.facebook.com/innofair	
出版	創意市集 Inno-Fair	創意市集信箱　ifbook@hmg.com.tw	
	城邦文化事業股份有限公司		
發行	英屬蓋曼群島商家庭傳媒股份有限公司		
	城邦分公司		
	115台北市南港區昆陽街16號8樓		

城邦讀書花園　http://www.cite.com.tw
客戶服務信箱　service@readingclub.com.tw
客戶服務專線　02-25007718、02-25007719
24小時傳真　02-25001990、02-25001991
服務時間　週一至週五 9:30-12:00，13:30-17:00
　　　　　劃撥帳號　19863813　　戶名：書虫股份有限公司
　　　　　實體展售書店　115台北市南港區昆陽街16號5樓
　　　　　※如有缺頁、破損，或需大量購書，都請與客服聯繫

香港發行所　城邦（香港）出版集團有限公司
　　　　　香港九龍土瓜灣土瓜灣道86號
　　　　　順聯工業大廈6樓A室
　　　　　電話：(852) 25086231
　　　　　傳真：(852) 25789337
　　　　　E-mail：hkcite@biznetvigator.com

馬新發行所　城邦（馬新）出版集團Cite (M) Sdn Bhd
　　　　　41, Jalan Radin Anum, Bandar Baru Sri Petaling,
　　　　　57000 Kuala Lumpur, Malaysia.
　　　　　電話：(603)90563833
　　　　　傳真：(603)90576622
　　　　　Email：services@cite.my

國家圖書館出版品預行編目資料

遺產、信託、繼承：人生最該懂的財務法律課，有效分配、爭議解決，有問必答Q & A/吳孟玲等著. -- 初版. -- 台北市：創意市集出版：英屬蓋曼群島商家庭傳媒股份有限公司城邦分公司發行, 2024.09
　面；公分 --
ISBN 978-626-7488-13-3(平裝)
1.CST: 遺囑 2.CST: 財產繼承 3.CST: 法律諮詢 4.CST: 問題集

584.52　　　　　　　　　　　　　113007371